Führen von Jung und Alt

Wiebke Stegh · Jurij Ryschka

Führen von Jung und Alt

Handlungsempfehlungen für
Mitarbeiterführung

Wiebke Stegh
Preußisch Oldendorf, Deutschland

Jurij Ryschka
Organisationsentwicklung
Prof. Dr. Jurij Ryschka
Mainz, Deutschland

Ergänzendes Material zu diesem Buch finden Sie auf https://www.springer.com/de/book/9783662588840

ISBN 978-3-662-58884-0   ISBN 978-3-662-58885-7 (eBook)
https://doi.org/10.1007/978-3-662-58885-7

Die Deutsche Nationalbibliothek verzeichnet diese Publikation in der Deutschen Nationalbibliografie; detaillierte bibliografische Daten sind im Internet über http://dnb.d-nb.de abrufbar.

Springer Gabler
© Springer-Verlag GmbH Deutschland, ein Teil von Springer Nature 2019, korrigierte Publikation 2020
Das Werk einschließlich aller seiner Teile ist urheberrechtlich geschützt. Jede Verwertung, die nicht ausdrücklich vom Urheberrechtsgesetz zugelassen ist, bedarf der vorherigen Zustimmung des Verlags. Das gilt insbesondere für Vervielfältigungen, Bearbeitungen, Übersetzungen, Mikroverfilmungen und die Einspeicherung und Verarbeitung in elektronischen Systemen.
Die Wiedergabe von allgemein beschreibenden Bezeichnungen, Marken, Unternehmensnamen etc. in diesem Werk bedeutet nicht, dass diese frei durch jedermann benutzt werden dürfen. Die Berechtigung zur Benutzung unterliegt, auch ohne gesonderten Hinweis hierzu, den Regeln des Markenrechts. Die Rechte des jeweiligen Zeicheninhabers sind zu beachten.
Der Verlag, die Autoren und die Herausgeber gehen davon aus, dass die Angaben und Informationen in diesem Werk zum Zeitpunkt der Veröffentlichung vollständig und korrekt sind. Weder der Verlag, noch die Autoren oder die Herausgeber übernehmen, ausdrücklich oder implizit, Gewähr für den Inhalt des Werkes, etwaige Fehler oder Äußerungen. Der Verlag bleibt im Hinblick auf geografische Zuordnungen und Gebietsbezeichnungen in veröffentlichten Karten und Institutionsadressen neutral.

Springer Gabler ist ein Imprint der eingetragenen Gesellschaft Springer-Verlag GmbH, DE und ist ein Teil von Springer Nature.
Die Anschrift der Gesellschaft ist: Heidelberger Platz 3, 14197 Berlin, Germany

Vorwort

Ziele des Buches
Arbeitnehmer[1] werden sowohl immer jünger, u. a. durch verkürzte Schul- und Studienzeiten, neue Studienmodelle, den Wegfall der Wehrpflicht, als auch immer älter, z. B. durch den späteren Renteneintritt oder neue Modelle der Mitarbeit als Rentner auf Projektbasis. Eine gute Führungskraft stellt sich der Herausforderung, jeden Mitarbeiter und seine individuellen Bedürfnisse und Leistungskapazitäten – bedingt durch sein Alter und seine spezifische Lebensphase – im Blick zu haben und versteht es zudem, altersheterogene Teams zu führen.

In unserer jahrelangen Tätigkeit als Berater, Trainer und Coaches zu unterschiedlichsten Führungsthemen werden wir zunehmend von Führungskräften zu Fragestellungen rund um das Thema „Führen von Jung und Alt" angesprochen. Das haben wir zum Anlass genommen, aktuelle Forschung zum Thema zu recherchieren und zusammen mit unseren Erkenntnissen und Erfahrungen in einem Buch übersichtlich zusammenzustellen.

Ziel des vorliegenden Buches ist es, **Handlungsempfehlungen für das Führen von Jung und Alt** zu geben – prägnant, kompakt, dabei wissenschaftlich fundiert und praktisch erprobt.

In diesem Buch erfahren Sie u. a.,
- wie sich **Werte und Bedürfnisse** jüngerer und älterer Mitarbeiter unterscheiden können,

---

[1] Eine wichtige Anmerkung an dieser Stelle: Des Leseflusses halber verwenden wir im Buch die männliche Schreibweise, beziehen die Aussagen aber selbstverständlich auf Personen jeden Geschlechts.

- welche **Kompetenzen** über das Arbeitsleben hinweg zunehmen, weitestgehend stabil bleiben oder mit zunehmendem Alter auch abnehmen,
- wie Sie als Führungskraft, als Organisation und auch als Individuum selbst im Positiven auf diese Entwicklungen **Einfluss nehmen** können,
- was beim Führen **altersheterogener Teams** von Bedeutung ist,
- was es bei der **statusinkongruenten Führungskonstellation „Jung führt Alt"** zu beachten gilt,
- wie Sie auf **Leistungseinschränkungen bei Mitarbeitern reagieren** können und
- was wir bei Leistungseinschränkungen vor dem Hintergrund einer möglichen **psychischen Erkrankung** empfehlen.

Wie Sie mit diesem Buch arbeiten können:
Dieses Buch können Sie Seite für Seite lesen, müssen dies aber nicht. Denn das Buch versteht sich als **Gebrauchsanweisung** und folgt so dem Konzept des **Performance Supports**. Performance Support beschreibt Arbeitshilfen, die die Bewältigung herausfordernder Aufgaben erleichtern sollen, indem sie **erfolgsrelevantes Wissen prägnant und handlungsorientiert** zur Verfügung stellen (Rossett & Schafer, 2007). Daher orientieren wir uns an der Maxime: so kurz wie möglich, so ausführlich wie nötig!

Die **Kürze und Prägnanz** des Textes, die **klare Struktur** (Zusammenfassungen und Abbildungen am Anfang eines jeden Kapitels, klare Trennung von Hintergrundinformationen und Handlungsempfehlungen) und **grafische Elemente** sollen **zum Überfliegen des Textes einladen:**
- Hervorhebung von Schlagworten durch Fettdruck
- Kennzeichnung von erklärungsbedürftigen Wörtern durch ein hochgestelltes Dreieck (▲), das dazugehörige Glossar finden Sie am Ende des Buches
- Anzeigen von Handlungsempfehlungen durch graue Kästchen
- Reflexionsfragen durch Aufzählungszeichen in Form von Pfeilspitzen (▶) etc.

Sie können an der Stelle stoppen, wo Sie aktuell Ihren persönlichen Bedarf sehen, um ins Detail einzutauchen.

Performance Support unterstützt bei der **Anwendung neuer (Er-)Kenntnisse und Fertigkeiten im Arbeitsalltag** – insbesondere auch dort, wo Führungskräfte, Kollegen oder Coaches nicht als Unterstützer zur Verfügung stehen. Wir möchten Sie mit **Reflexionsfragen** anregen, über bestimmte Aspekte nachzudenken und diese – wenn passend – auch mit Ihren Mitarbeitern zu diskutieren. Mit diesem Buch wollen wir Sie u. a. durch prägnante **Handlungsempfehlungen** in Ihrem Führungsalltag unterstützen. Deshalb sollte das Buch Ihr Begleiter sein – in Ihrer Aktentasche, auf dem Schreibtisch etc. – immer griffbereit, damit Sie es in erfolgskritischen Situationen zur Hand haben und sich Anregungen für Gespräche mit Mitarbeitern oder Kollegen holen können. Zahlreiche Abbildungen können Sie auch downloaden, um diese in Workshops etc. zu nutzen. Sie finden diese auf der Produktseite zum Buch: https://www.springer.com/de/book/9783662588840.

In diesem Buch wollen wir verschiedene Perspektiven der Führung von Jung und Alt betrachten: Im ersten Kapitel wollen wir kurz zum Nachdenken über eigene altersbezogene Stereotype anregen (**Kap. 1**). Nach einer einleitenden Beschreibung, warum es sich lohnt, sich mit dem Thema Führen von Jung und Alt auseinanderzusetzen (**Kap. 2**), widmen wir uns zwei unterschiedlichen Ebenen. Zunächst betrachten wir das Thema aus individueller Perspektive (**Kap. 3**). Wir stellen dar, wie sich bestimmte Aspekte über den Verlauf des Lebens verändern und inwieweit dies Einfluss auf den Beruf und das Leistungsverhalten hat. Vor allem die Diskussion über den Umgang mit Stereotypen sowie die Bewältigungsstrategien für das Altern sind uns ein Anliegen. Danach richten wir das Augenmerk auf die Teamperspektive (**Kap. 4**): Die Gestaltung eines positiven Teamklimas, der Umgang mit Generationenvielfalt und der Austausch von Wissen in heterogenen Teams spielen hier eine besondere Rolle. Bei den Fragen von Führungskräften in unseren Trainings und Coachings geht es häufig auch um die besondere Führungskonstellation „Jung führt Alt". Dieser Situation widmen wir das **Kap. 5**. Anschließend stellen wir Ansatzpunkte vor, um mit Leistungseinschränkungen bei Mitarbeitern – ob älter oder jünger – umzugehen (**Kap. 6**). Kompetenzaufbau, Motivation der Mitarbeiter und das Kommunizieren von Zielen werden hier thematisiert. Zuletzt möchten wir in einem Exkurs auf ein immer häufiger an uns herangetragenes Thema eingehen: auf die Frage, wie Sie als Führungskraft mit psychischen Erkrankungen bei Mitarbeitern umgehen können (**6.4 Exkurs: Mit psychischen Erkrankungen umgehen**).

Wir wünschen Ihnen viel Freude, neue Erkenntnisse und Bestätigungen beim Lesen des Buches, weiterhin viel Erfolg bei Ihrer Führungsarbeit – und: viel Freude beim Älterwerden!

Wiebke Stegh und Jurij Ryschka

Literatur

Rossett, A., & Schafer, L. (2007). *Job aids & performance support: Moving from knowledge in the classroom to knowledge everywhere.* San Francisco: Pfeiffer.

Die Originalversion des Buchs wurde revidiert. Ein Erratum ist verfügbar unter
https://doi.org/10.1007/978-3-662-58885-7_7

Dank

An dieser Stelle möchten wir uns ganz herzlich bedanken bei

- Thomas Rigotti für die wertvollen fachlichen Anregungen und Hinweise
- Vera Müller für die hilfreichen kritischen Rückmeldungen zu einer ersten Version des Textes
- Markus Kohz für die geduldige Entwicklung und Erstellung der Grafiken
- Christine Sheppard, Juliane Seyhan und Janina Tschech für die gewohnt konstruktive Betreuung seitens des Verlags
- Louise Zinndorf für ihre engagierten, vertiefenden Recherchen, ihre Formulierungsvorschläge und ihr Mit- und Weiterdenken
- Leonie Fahrenholz für ihre wachsamen Prüfungen, Korrekturen und Ergänzungen sowie ihre sehr gewissenhaften Formatierungen
- Nicola Elsner, Madlena Sutor, Lisa Tull und Lucas Atzinger für ihre engagierten Recherchen, Aufbereitungen, Formulierungen und Korrekturen
- Christina Meysing für das „Rücken-frei-halten" im Büro
- und schließlich bei unseren Familien – Hannes sowie Ulrike, Anna, Marie und Paul für ihre Geduld und ihr Verständnis für unsere Arbeit und unser Buchprojekt.

Wiebke Stegh und Jurij Ryschka

Inhaltsverzeichnis

1 **Führen von Jung und Alt – zum Einstieg** 1
Literatur 3

2 **Bedeutung alter(n)sgerechter Führung: Anforderungen an den arbeitenden Menschen** 5
Literatur 8

3 **Individuelle Perspektive: ältere und jüngere Mitarbeiter** 9
   3.1   Lebensphasen eines Menschen 10
   3.2   Altersverlauf von Werten und Bedürfnissen 14
   3.3   Kompetenzen im Altersverlauf 19
   3.4   Einflüsse auf die fluide Intelligenz▲ 24
   3.5   Stereotype über ältere und jüngere Mitarbeiter 32
   3.6   Subjektives Alter 43
   3.7   Subjektive Arbeitsfähigkeit 47
   3.8   Bewältigungsstrategien für das Altern 58
   3.9   Fazit zur Führung auf individueller Ebene 62
   Literatur 63

4 **Teamperspektive: altersheterogene Teams**. 71
   4.1   Führung in altersheterogenen Teams 72
   4.2   Teamklima als Schlüsselfaktor 75
         4.2.1   Shared Mental Models▲ 78
         4.2.2   Kooperation 80
         4.2.3   Teamcheck 82
         4.2.4   Teamregeln 85

4.3	Generationenvielfalt in altersheterogenen Teams		88
4.4	Wissensaustausch in altersheterogenen Teams		92
	4.4.1	Voneinander lernen	93
	4.4.2	Miteinander lernen	94
	4.4.3	Übereinander lernen	95
4.5	Fazit zum Führen von altersheterogenen Teams		96
Literatur			97

5 Jung führt Alt 99
Literatur 104

6 Leistungseinschränkungen handhaben 107
  6.1 Leistungseinschränkungen analysieren 109
    6.1.1 Motivation (Suchfeld Wollen) 110
    6.1.2 Klarheit über Ziele (Suchfeld Sollen) 115
    6.1.3 Nicht ausreichende Kompetenzen oder Barrieren im Kopf (Suchfeld Können) 116
  6.2 Problembewusstsein schaffen 122
  6.3 Kompetenzen ausbauen 127
  6.4 Exkurs: Mit psychischen Erkrankungen umgehen 130
Literatur 144

Erratum zu: Führen von Jung und Alt E1

Glossar 147

Über die Autoren

Dr. Wiebke Stegh promovierte nach dem Abschluss ihres Wirtschaftspsychologie-Studiums an der Ruhr-Universität Bochum an der Fakultät für Psychologie zum Thema Konflikte in Arbeitsgruppen. Bei der Xella Baustoffe GmbH war sie zwei Jahre in den Bereichen Personalentwicklung und Recruitment beschäftigt. Dort arbeitete sie u. a. an der Einführung verschiedener HR-Instrumente wie Mitarbeitergesprächen, Assessment Centern und Nachwuchsführungsprogrammen. Seit 2011 ist sie bei der Organisationsentwicklung Ryschka als Beraterin und Trainerin aktiv und berät Führungskräfte in Veränderungssituationen und zu „gesunder Führung". Darüber hinaus trainiert, berät und coacht sie Führungskräfte und Mitarbeiter zu Zeit-, Stress- und Selbstmanagement, zu Kommunikation, Präsentation und Moderation sowie zu Karrierestrategie und Selbstmarketing.

Prof. Dr. Jurij Ryschka ist als Berater und Coach tätig. 1996 gründete er die Organisationsentwicklung Ryschka, die Unternehmen in Fragen von Führung, Kooperation und Veränderung berät. Neben zahlreichen Lehrtätigkeiten hatte er eine Professur für Personalentwicklung an der FH Mainz inne. Jurij Ryschka hat u. a. „Veränderungen in der Firma – und was wird aus mir?" (Wiley, 2007), das „Praxishandbuch Personalentwicklung" (Ryschka, Solga & Mattenklott, 2011 bei Gabler) und elf kompakte Selbstcoaching-Kalender veröffentlicht. Seine Beratungsschwerpunkte sind Change Management; Coaching und Beratung von Führungskräften und Teams; Trainings zu Führung, Komplexität managen etc. sowie Beratung und Training von Krisenstäben.

Führen von Jung und Alt – zum Einstieg 1

Zusammenfassung

Bevor wir inhaltlich in das Thema einsteigen, möchten wir Sie bitten, sich kurz der Abb. 1.1 zu widmen. Hier sind **vier Kompetenzen** – motorische Fähigkeiten, Wissen, fluide Intelligenz▲ Sinneswahrnehmungen – dargestellt und **vier mögliche Verläufe über die Lebensspanne** hinweg. Welcher Verlauf gehört zu welcher Kompetenz? Fällt die jeweilige Kompetenz ab, steigt sie an, gibt es ein Leistungsplateau?

Haben Sie die Zuordnung der verschiedenen Kompetenzen zu den Altersverläufen vorgenommen? In Abschn. 3.3 finden Sie die **Auflösung** der Zuordnung.

▶ *Wie gut haben Sie die Verläufe zugeordnet? An welchen Stellen mussten Sie länger überlegen – und warum?*

▶ *Was konnten Sie aus Beobachtungen bei sich selbst, aus Erfahrungen mit Mitarbeitern, Kollegen oder anderen Personen ableiten?*

Es geht hier weniger darum, dass Ihre Einschätzung „richtig" war, d. h. den derzeitigen wissenschaftlichen Erkenntnissen entspricht. Vielmehr ist es uns wichtig, dass Sie sich darüber bewusst werden, **welche Stereotype** bzgl. bestimmter Altersphasen **bei Ihnen aktiviert wurden**. Wir alle tragen positive und negative Stereotype mit uns herum – über ältere und natürlich ebenso über jüngere Mitarbeiter. Diese Stereotype wollen wir hier bewusst machen.

(Als Info vorweg: Mit fluider Intelligenz▲ – auch flüssige oder geistige Intelligenz genannt – ist gemeint, wie gut und schnell sich Menschen auf neue Gegebenheiten geistig einstellen, wie schnell sie Dinge kombinieren und generell kognitive▲ Prozesse koordinieren können.)

© Springer-Verlag GmbH Deutschland, ein Teil von Springer Nature 2019
W. Stegh, J. Ryschka, *Führen von Jung und Alt*,
https://doi.org/10.1007/978-3-662-58885-7_1

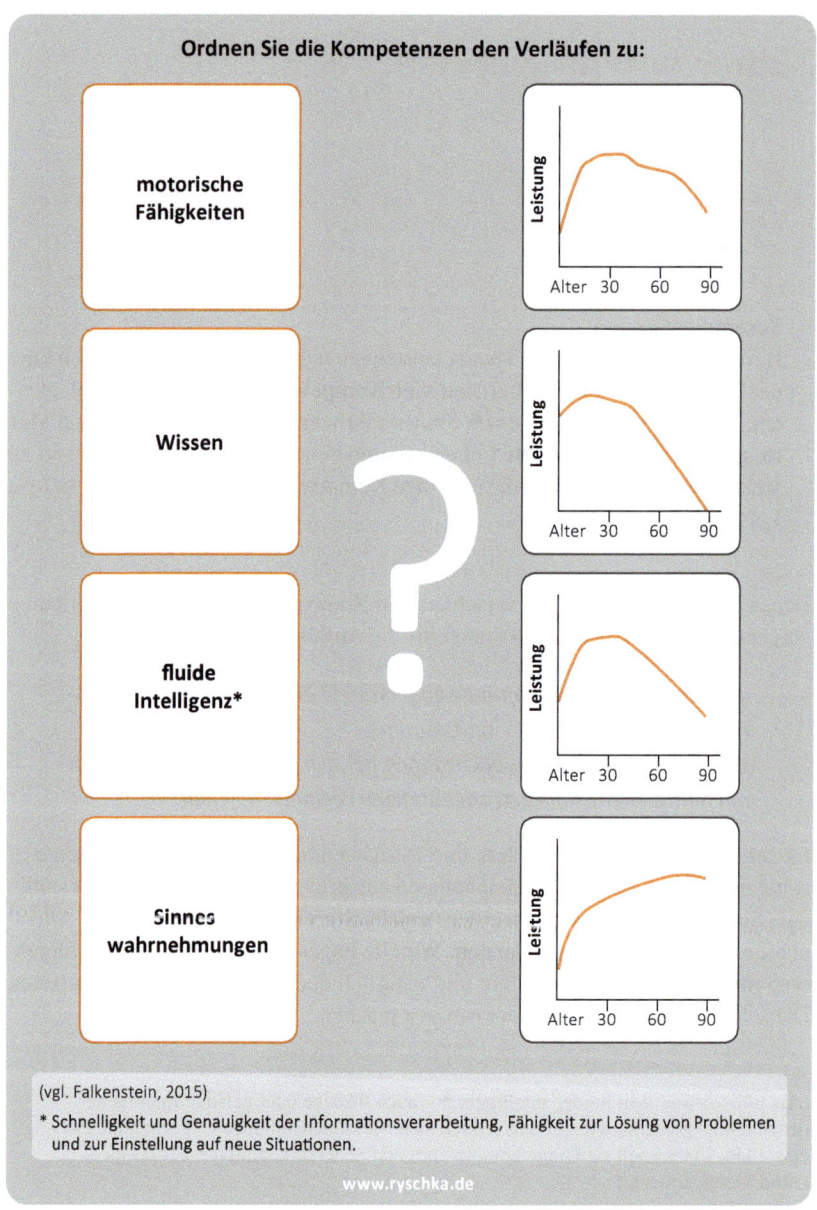

Abb. 1.1 Ordnen Sie die Kompetenzen den Verläufen zu. Mit freundlicher Genehmigung von ©Organisationsentwicklung Ryschka, www.ryschka.de 2019. All Rights Reserved. Download möglich

Nutzen Sie die Abb. 1.1 mit den vier Verläufen, um mit Ihren Kollegen, Ihren Mitarbeitern oder auch Ihrer Führungskraft zum Thema Führen von Jung und Alt ins Gespräch zu kommen. Denn neben den Besonderheiten, die das Thema „Führen von Jung und Alt" mit sich bringt (siehe Kap. 3 und 4), geht es natürlich auch hier um ein Kernelement guter Führungsarbeit: Kommen Sie mit den Menschen ins Gespräch!

Literatur

Falkenstein, M. (2015). *Innovation und Leistungsfähigkeit im demografischen Wandel fördern.* Dortmund: Präsentation beim Innokat-Abschluss-Workshop.

Bedeutung alter(n)sgerechter Führung: Anforderungen an den arbeitenden Menschen

2

Zusammenfassung

Das Thema **alter(n)sgerechte Führung** wird immer wichtiger: 1.) Wir Menschen altern und dies hat Auswirkungen auf unsere Leistungsfähigkeit. Auch im Arbeitskontext müssen die **individuellen, personenbezogenen Faktoren des Alterns** berücksichtigt werden. 2.) Der **demografische Wandel** hat zur Folge, dass es mehr jüngere und mehr ältere Beschäftigte gibt. Teams werden altersheterogener. 3.) Die **Arbeit selbst verändert sich** sowohl inhaltlich als auch in ihrem Ablauf. Stressoren nehmen eher zu, denn ab (vgl. Bundesministerium für Arbeit und Soziales 2017; Schermuly 2016; von Ameln und Wimmer 2016; Wegge und Schmidt 2016; siehe auch Abb. 2.1).

Warum sollten Sie sich als Führungskraft überhaupt mit alter(n)sgerechter Führung beschäftigen?
Es gibt verschiedene Faktoren, die es notwendig machen, sich dem Thema alter(n)sgerechter Führung zu widmen (Abb. 2.1):

1. **Alterungsprozesse von Menschen** spielen eine Rolle bei der Betrachtung der Leistung von Mitarbeitern – vor allem dazu werden Sie auf den folgenden Seiten einiges erfahren, denn Menschen sind von Person zu Person (interindividuell) sowie im Verlauf ihres Lebens (intraindividuell) unterschiedlich leistungsfähig. Das sollten Führungskräfte berücksichtigen.
   → Dies erfordert verhaltens- und verhältnispräventive[1] Maßnahmen zur **Erhaltung und Förderung der Arbeitsfähigkeit** (siehe hierzu Abschn. 3.4).

---

[1] **Verhaltensprävention:** verhaltens-/personenbezogene Förderung durch Änderung des individuellen Verhaltens (Mitarbeiterseite). **Verhältnisprävention:** bedingungs-/aufgabenbezogene Interventionen durch Gestaltung von Arbeitsaufgaben und -organisation (Unternehmensseite).

Abb. 2.1 Führung von Jung und Alt als Führungsaufgabe. Mit freundlicher Genehmigung von ©Organisationsentwicklung Ryschka, www.ryschka.de 2019. All Rights Reserved

2. **Demographischer Wandel.** Der demografische Wandel hat **arbeitsmarktpolitische Veränderungen** nach sich gezogen: So sollen Menschen **länger erwerbstätig sein** und zugleich **eher ins Berufsleben** starten. Dadurch werden Mitarbeiter tendenziell sowohl jünger als auch älter und Teams somit altersheterogener. Dieser Diversitätsaspekt bringt zusätzliche Herausforderungen für die Teamarbeit mit sich.
→ Dies erfordert einen **konstruktiven Umgang mit Diversität** in Teams und Organisationen.
3. **Veränderungen in der Arbeitswelt** – sowohl auf inhaltlicher als auch auf prozessualer Ebene: Unsere Arbeitswelt verändert sich rasant. **Digitalisierung** bzw. der Einsatz neuer Technologien und die **Zunahme an Komplexität** sind dabei nur zwei Aspekte, die bedingen, dass sich Mitarbeiter verändern und sowohl fachliche als auch soziale und methodische Kompetenzen auf- und ausbauen müssen. Die Arbeitsaufgaben erfordern heutzutage ein immer stärkeres **Zusammenspiel verschiedener Kompetenzen und Erfahrungshorizonte** – es wird

somit zunehmend ein **höheres Maß an Kooperation** zwischen unterschiedlichsten Personen notwendig.

→ Dies erfordert den kontinuierlichen Auf- und Ausbau von **fachlichen und überfachlichen** (sozialen, methodischen) **Kompetenzen,** den Ausbau von **Selbstregulationsfähigkeiten und Stressmanagementkompetenz** sowie die (Weiter-)Entwicklung von **Zeit- und Aufgabenmanagement.**

→ Eine **positive Haltung** bzgl. der zunehmend geforderten Zusammenarbeit ist wichtig.

→ Zur Erhaltung der Beschäftigungsfähigkeit sind langfristig vielfältige Aufgaben wichtig, wie Sie in Abschn. 3.4 bzgl. der Förderung der fluiden Intelligenz▲ erfahren werden.

Bei den benannten Entwicklungen stellen sich nun für Organisationen und deren Führungskräfte folgende Fragen:

▶ *Inwieweit sind jüngere und ältere Mitarbeiter diesen steigenden Anforderungen gewachsen?*

▶ *Was kann zur Förderung von benötigten Kompetenzen und Verhaltensweisen seitens der Führungskraft, der Organisation und des einzelnen Mitarbeiters getan werden?*

Aus den benannten Themenfeldern ergeben sich zwei Kernthemen rund um die alter(n)sgerechte Führung, die in den zwei Hauptkapiteln dieses Buches beleuchtet werden:

Kapitel 3. Individuelle Perspektive: ältere und jüngere Mitarbeiter und deren Bedürfnisse

Wie können Sie in Ihrer Organisation den Bedürfnissen und Kompetenzen von jüngeren und älteren Mitarbeitern gerecht werden sowie deren Potenziale bestmöglich nutzen? Was müssen Sie als Führungskraft dafür tun? Welche Rolle spielt die subjektive Wahrnehmung unseres Alters?

Kap. 4. Altersheterogene Teams: mehrere Generationen müssen in Teams zusammenarbeiten

Wie können Sie als Führungskraft mit zunehmend diversen Teams umgehen – u. a. mit *alters*gemischten Teams? Denn die Diversitätsforschung zeigt, dass gerade Unterschiede in demografischen Variablen (Alter, Geschlecht, Herkunft) zu Beziehungskonflikten führen können. Die Unterschiede auf diesen Facetten sind nun einmal deutlich sichtbar, psychologisch gesprochen: salient▲. Unterschiede zwischen den Teammitgliedern bzgl. Erfahrung, Ausbildung etc. bergen hingegen meist weniger Potenzial für Beziehungskonflikte und beeinflussen Teameffektivität und Zufriedenheit der Teammitglieder seltener negativ. Diese Merkmale sind nicht so schnell wahrnehmbar und in gemischten Teams zudem häufiger mit einer positiv konnotierten „breiteren Mischung von Erfahrung und Wissen" verknüpft, Stichwort „Synergieeffekte in Teams" (Jehn et al. 1999).

Literatur

Bundesministerium für Arbeit und Soziales. (2017). *Weissbuch: Arbeiten 4.0*. Berlin: Bundesministerium für Arbeit und Soziales.

Jehn, K. A., Northcraft, G. B., & Neale, M. A. (1999). Why differences make a difference: A field study of diversity, conflict and performance in workgroups. *Administrative Science Quarterly, 44*, 741–763.

Schermuly, C. C. (2016). *New York – gute Arbeit gestalten. Psychologisches Empowerment von Mitarbeitern*. Freiburg: Haufe.

Von Ameln, F., & Wimmer, R. (2016). Neue Arbeitswelt, Führung und organisationaler Wandel. *Gruppe. Interaktion. Organisation, 47*, 11–21.

Wegge, J., & Schmidt, K.-H. (2015). *Diversity Management. Generationenübergreifende Zusammenarbeit fördern*. Göttingen: Hogrefe.

Individuelle Perspektive: ältere und jüngere Mitarbeiter 3

Zusammenfassung

Wie **verändern sich Kompetenzen, Werte und Bedürfnisse** von Menschen über das Berufsleben hinweg? Was müssen Führungskräfte beachten, wenn sie jüngere Mitarbeiter führen, was bei älteren? Welche Rolle spielt es, **wie alt wir uns fühlen?**

Diese und weitere Fragen werden in diesem Kapitel beleuchtet. Forschungsergebnisse zu älteren und jüngeren Mitarbeitern auf individueller Ebene werden dargestellt, Reflexionsfragen für Führungskräfte angeboten und Handlungsempfehlungen für das Führen einzelner Mitarbeiter präsentiert (Fragestellungen, die Gruppen von Mitarbeitern betreffen, werden in Kap. 4 betrachtet).

Zunächst wird betrachtet, welche **Lebensphasen** Menschen in unterschiedlichen Lebensbereichen (körperliche und geistige Leistungsfähigkeit, sowie beruflicher und privater Bereich) durchlaufen (siehe Abschn. 3.1). Anschließend wird dargestellt, wie sich **Werte und Bedürfnisse** (Abschn. 3.2) sowie **Kompetenzen** (Abschn. 3.3) über das Berufsleben hinweg **entwickeln** und wie Sie dies bei Ihrer Führungsarbeit berücksichtigen können. Auch wenn deutlich wird, dass es im berufstätigen Alter **keinen direkten Zusammenhang zwischen Alter und Leistung** gibt, so ist es dennoch von Bedeutung zu schauen, wie sich die **fluide Intelligenz**▲ von Menschen **beeinflussen** lässt – auch hier können Sie als Führungskraft Einfluss nehmen (Abschn. 3.4). In Abschn. 3.5 wird eine der Kernbotschaften des Buches dargestellt: **Achtung! Wir haben viele Vorurteile** (Stereotype) gegenüber jüngeren und vor allem gegenüber älteren Mitarbeitern – diese Annahmen lassen sich in der Forschung allerdings so nicht bestätigen!

Neben dem kalendarischen (chronologischen) Alter werden zwei weitere (Alters-)Konzepte vorgestellt: das **subjektive Alter** (Abschn. 3.6) und die **subjektive Arbeitsfähigkeit** (Abschn. 3.7). Beide sind für die Arbeitsleistung von höherer Bedeutung als das chronologische Alter. Als Führungskraft können Sie auch hierauf einwirken. Bewältigungsstrategien für das Altern, inklusive dem bekannten SOK-Modell[18] (Selektion, Organisation und Kompensation), werden in Abschn. 3.8 beschrieben.

Zusammenfassende Handlungsempfehlungen für Ihre Führungsarbeit finden Sie am Ende des Kapitels.

3.1 Lebensphasen eines Menschen

Zusammenfassung 3.1

Wir durchschreiten im Laufe unseres Lebens **verschiedene Phasen,** in denen unsere Fähigkeiten unterschiedlich stark ausgeprägt und wir unterschiedlich belastbar sind. Auch **unsere private Situation** hat einen großen Einfluss darauf, wie wir im Beruflichen agieren können und uns einbringen wollen. Während in verbreiteten Lebensphasenmodellen konservative Entwicklungsverläufe für das Privat- und Berufsleben dargestellt sind, zeichnet sich heutzutage immer stärker ein Bild des **kontinuierlichen Wandels** und vor allem **individueller Lebensentwürfe und -phasen** ab, auf die Führungskräfte und Organisationen entsprechend reagieren müssen (siehe Abb. 3.1).

Verschiedene Lebensphasen – im Beruflichen wie im Privaten
In konservativeren Darstellungen von Lebensphasenmodellen (vgl. z. B. Abb. 3.1, die um dynamische/zyklische Aspekte erweitert wurde) werden vereinfacht gesprochen im privaten Lebenszyklus das Modell „Familiengründung → Kinder ziehen aus → Pflege älterer Angehöriger" und im beruflichen Lebenszyklus die Abfolge „berufliche Orientierung → in Wachstumsphasen Karriere machen → beruflicher Austritt" abgebildet. Darstellungen klassischer Lebensphasen enthalten oft auch Altersangaben, davon ausgehend, dass Menschen bestimmte Lebensphasen überwiegend in einem bestimmten Zeitfenster durchlaufen.

Die Erfahrung aus heutiger Zeit zeigt, dass die einzelnen Bausteine der Lebensphasenmodelle nach wie vor gültig sind: Es gibt im Privat- und Berufsleben eines jeden Menschen bestimmte **Kernpunkte** (z. B. Spezialisierung im Berufsfeld, Berufsaustritt, Entscheidung für oder gegen Gründung einer eigenen Familie). Die **Reihenfolge der Abläufe** kann sich jedoch privat wie beruflich durchaus

3.1 Lebensphasen eines Menschen

Abb. 3.1 Lebensphasen eines Menschen. Mit freundlicher Genehmigung von ©Organisationsentwicklung Ryschka, www.ryschka.de 2019. All Rights Reserved

verschieben. Bestimmte Phasen finden vielleicht **parallel** statt oder **wiederholen** sich im Laufe des Lebens.

Generell sind im jungen Erwachsenenalter die **körperliche Leistungsfähigkeit** sowie die **Informationsverarbeitungsgeschwindigkeit** am stärksten ausgeprägt. Im weiteren Altersverlauf zeigt sich ein **Leistungsplateau mit einem hohen Grad an Wissen** (sofern man sich nicht in ein völlig neues Arbeitsfeld begibt). Dieses Erfahrungswissen ist in der Regel eine wichtige Grundlage für die berufliche Leistung. Diese generelle Entwicklung der kognitiven▲ Leistungsfähigkeit zeigt jedoch hohe individuelle Unterschiede (vgl. auch Abschn. 3.3). Wenn Menschen auf die Rente zugehen, bekommt häufig die Erhaltung der eigenen **Gesundheit** eine höhere Bedeutung.

Der berufliche Einstieg beginnt in der Regel mit einer **Qualifizierungsphase** in Form von Ausbildung oder Studium verbunden mit Praktika und Hospitationen. Nach der Einarbeitung findet in sich anschließenden **Reifephasen** häufig eine Spezialisierung statt. Von **Wachstumsphasen** wird gesprochen, wenn sich die Karriere horizontal oder vertikal entwickelt. Bei der horizontalen Entwicklung werden Aufgaben in anderen (benachbarten) Tätigkeitsfeldern auf der gleichen hierarchischen Ebene übernommen. Eine klassische vertikale Karriere bedeutet, dass Menschen in ihrem Tätigkeitsbereich aufsteigen und mehr Verantwortung übernehmen.

Zunehmend finden – gewollt aber auch ungewollt (s. u.) – **berufliche (Neu-) Orientierungen** statt. Manch einer startet eine Karriere erst im höheren Alter, andere entscheiden sich bewusst, z. B. eine Führungsverantwortung wieder abzugeben, um mehr Zeit für andere Dinge zu haben. Wieder andere Menschen widmen sich „alten Leidenschaften" und machen ein Hobby zum Beruf, suchen sich Tätigkeiten, die sie für sinnvoller erachten oder kommen nach der Reflexion der eigenen Kompetenzen, Motive und Bedürfnisse zu dem Schluss, einen beruflichen Neustart zu wagen.[1]

Genauso können Beschäftigte aufgrund von Neuausrichtungen oder Reorganisationen in der Firma auch zu beruflichen Neuorientierungen gezwungen werden. Diese Beispiele veranschaulichen, dass das klassische Modell von „Berufseinstieg – Karriere – Ausstieg" selten so gradlinig verläuft. Die klassische Karriere mit dem vorgezeichneten Pfad des schrittweisen vertikalen Aufstiegs ist nicht mehr das alleingültige Modell (Abele und Spurk 2011; Gerlmaier et al. 2016; Gunz und Heslin 2005).

---

[1] Anregungen zur Reflexion Ihrer Karriere finden Sie z. B. in „Karriere – Erreichen Sie Ihre Ziele" (Ryschka et al. 2013).

3.1 Lebensphasen eines Menschen

Genauso wenig gibt es heutzutage nur „das eine Modell" für das **Privatleben** in Form der Gründung einer eigenen Familie. Die Ursprungsfamilie, Freundeskreise etc. können ebenfalls wichtige Säulen im Privatleben darstellen und Zeit in Anspruch nehmen – ohne an ein bestimmtes Alter geknüpft zu sein. Im jungen Erwachsenenalter findet zumeist eine Orientierungsphase statt. Hier geht es um die Identitätsfindung, soziale Netzwerke werden neu und weiter geknüpft. Partnerschaften etablieren sich, Familien werden gegründet, aber auch Hobbies intensiviert. Häufig hat dann die Vereinbarkeit von Berufs- und Privatleben eine hohe Bedeutung. Zudem können sich neue Herausforderungen ergeben, wie z. B. die Pflege von Angehörigen. Genauso tun sich auch neue Chancen auf. Höhere Freiheitsgrade, z. B. aufgrund der Reduktion der eigenen Arbeitszeit oder aufgrund vom Auszug der Kinder, bieten Möglichkeiten zu reisen oder sich ehrenamtlich zu engagieren. Zu jeder Zeit können persönliche Neuorientierungen stattfinden.

Ein wesentliches Merkmal lebensphasen- und somit auch alter(n)sgerechter Führung[2] ist es, diese **individuellen Entwicklungen** im Beruflichen und Privaten eines Mitarbeiters zu berücksichtigen, ebenso wie die **körperliche und geistige Leistungsfähigkeit der Person** – und dies alles wiederum in Einklang zu bringen mit den Organisationszielen.

▶ *Wie gut haben Sie die unterschiedlichen Lebensphasen Ihrer Mitarbeiter im Blick? In welchen privaten und beruflichen Phasen befinden sich Ihre Mitarbeiter derzeit?*
▶ *Welche Möglichkeiten seitens Ihrer Organisation gibt es, den unterschiedlichen Lebensphasen eines Mitarbeiters – beruflich wie privat – gerecht zu werden (familienfreundliche Arbeitszeitgestaltung, Möglichkeit zu Homeoffice, Sabbaticals, Auswahl an Arbeitszeitmodellen etc.)?*
▶ *Welchen Einfluss hatten und haben **Ihre** persönlichen Lebensphasen auf Ihre Art zu führen? Inwiefern hat sich Ihr Führungsverhalten im Laufe Ihres Berufslebens verändert?*

---

[2] Alter(n)s- und lebensphasengerechte Führung überschneiden sich in ihren Bedeutungen und werden in diesem Buch synonym verwendet, denn die Haltung hinter beiden Begriffen ist die gleiche. Alter(n)gerechte Führung legt den Fokus eher auf den Prozess des Alterns und die Bemühungen, die Arbeit so zu gestalten, dass die Arbeitsfähigkeit möglichst lange erhalten bleibt. Dennoch soll dieses Konstrukt alle Beschäftigten – jüngere und ältere – mit einbeziehen. Lebensphasenorientierte Führung beschäftigt sich darüber hinaus auch mit Themen, die die Work-Life-Balance betreffen und z. B. Familiengründung oder das Pflegen Angehöriger neben dem Beruf einschließen. Es geht hier also v. a. um das Berücksichtigen privater und beruflicher Lebensphasen des einzelnen Mitarbeiters und das Verknüpfen dieser Phasen mit entsprechenden Personalentwicklungsmaßnahmen.

3.2 Altersverlauf von Werten und Bedürfnissen

Zusammenfassung 3.2

Mit den unterschiedlichen Lebensphasen eines Menschen sind auch verschiedene Bedürfnisse verbunden. Auch im Berufsleben gilt: **Die Bedeutung von Werten, Bedürfnissen und Motiven verändert sich über die Lebensspanne.** Das, was einem jüngeren Mitarbeiter zu Beginn des Berufslebens wichtig war, kann im Laufe seiner Tätigkeit an Bedeutung verlieren, während andere Aspekte am Arbeitsplatz in den Vordergrund treten. Tendenziell nehmen über die Lebensspanne hinweg die **Wachstumsmotive** (Bedürfnis nach Weiterbildung und Selbstverwirklichung) eher ab und **emotionale Motive** eher zu (siehe Abb. 3.2). Wie diese Tendenzen konkret bei Ihren einzelnen Mitarbeitern aussehen – darüber müssen Sie **ins Gespräch kommen!**

Die Bedeutung von Werten, Bedürfnissen und Motiven verändert sich über die Lebensspanne hinweg

Die Ziele und Ansprüche von Personen am Arbeitsplatz ändern sich im Laufe des Berufslebens – vor allem vor dem Hintergrund eines begrenzt verbleibenden Zeithorizonts (z. B. durch den nahenden Berufsausstieg im Rentenalter, aber auch durch einen anstehenden Jobwechsel oder eine Berufspause durch Elternzeit).[3] Dies zeigt sich vor allem in den Aspekten Wissenserwerb und Regulieren emotionaler Zustände (vgl. Carstensen et al. 1999), wie im Folgenden erläutert wird.

Wachstumsmotive, d. h. das Bedürfnis nach Weiterbildung und Selbstverwirklichung, sind bei Jüngeren noch stärker ausgeprägt

- **Jüngere Menschen** priorisieren eher **zukunftsorientierte Ziele,** die einen vorbereitenden bzw. langfristigen Charakter haben. Informationssammlung, das Erleben von Neuem, die Horizonterweiterung, der **Wissensaufbau** haben somit einen hohen Wert für jüngere Menschen, während **bei älteren Beschäftigten die Weitergabe von Wissen und Erfahrungen** an Bedeutung gewinnt (Korff et al. 2009).
- Das Bedürfnis nach **Feedback** ist zu Beginn des Berufslebens hoch, da Berufseinsteiger sich und ihre Fähigkeiten noch nicht so gut einschätzen können. Ältere Personen benötigen hingegen meist keine ständige Rückmeldung zu ihrer Leistung (Wegge und Schmidt 2015). Kontinuierliches Feedback kann sogar

---

[3] In dem Zusammenhang ist auf Forschungsseite auch von der „Socioemotional Selectivity Theory" (SST)▲ und der damit verbundenen „Future Time Perspective" (FTP)▲ (Carstensen 2006; Carstensen et al. 1999; Cate und John 2007) die Rede.

3.2 Altersverlauf von Werten und Bedürfnissen

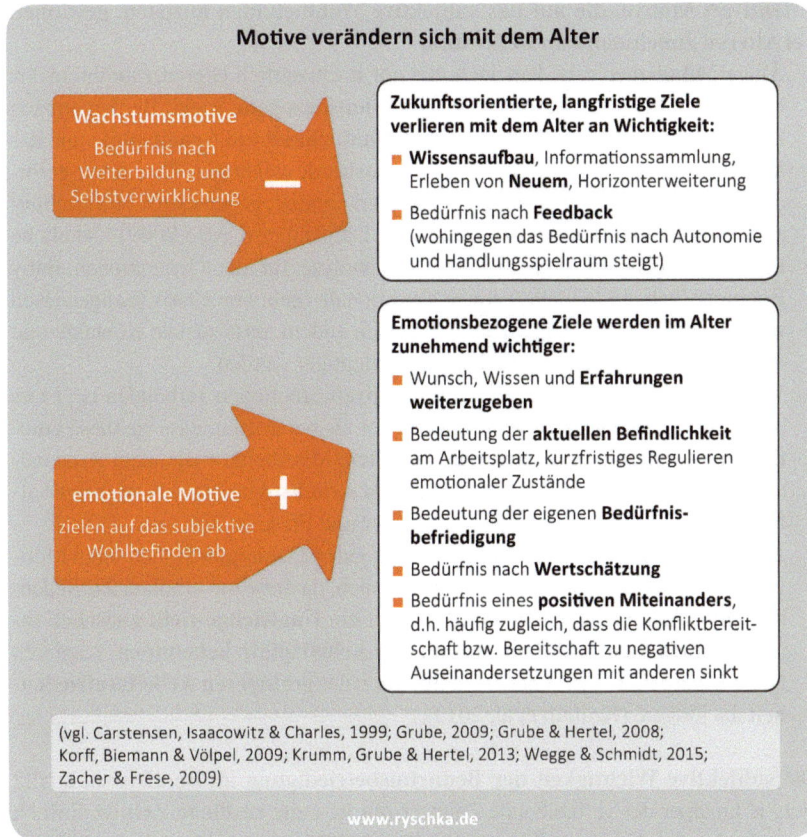

Abb. 3.2 Motive verändern sich mit dem Alter. Mit freundlicher Genehmigung von ©Organisationsentwicklung Ryschka, www.ryschka.de 2019. All Rights Reserved

als Einschränkung der Autonomie und des Handlungsspielraums gesehen werden – ältere Menschen fühlen dann sich und ihre Expertise nicht ausreichend wertgeschätzt.
- Denn der **Wunsch nach Autonomie und Handlungsspielräumen wird** mit zunehmendem Alter immer **größer** (Grube 2009; Hertel et al. 2013; Wegge und Schmidt 2015). So können ältere Mitarbeiter zum einen **ihre Erfahrung und Expertise ausleben** und haben zum anderen mehr Möglichkeiten und Freiräume, **ggf. nachlassende Fähigkeiten** zu **kompensieren** (Grube und Hertel 2008).

Affektive▲ Motive, die auf das subjektive Wohlbefinden abzielen, gewinnen bei Älteren zunehmend an Bedeutung
- Ältere Mitarbeiter bzw. Personen, die nur noch zeitlich begrenzt an ihrem Arbeitsplatz tätig sind, verfolgen eher **emotionsbezogene Ziele**. Bei begrenzten Zeithorizonten werden die **derzeitige Befindlichkeit am Arbeitsplatz** und das **kurzfristige Regulieren emotionaler Zustände** wichtiger. Dies kann gefördert werden durch Wertschätzung und Anerkennung, gegenseitige Hilfestellungen, Handlungsspielräume und sinnvolle Tätigkeiten (Grube 2009).[4] Ähnliche Ergebnisse konnten auch in einer Metaanalyse für die Generationen Baby Boomers (geb. 1946–1964) sowie Traditionals (geb. vor 1946) nachgewiesen werden (Kooij et al. 2011). Hier zeigte sich zudem, dass soziale Kontakte und ein positives Miteinander mit dem Alter wichtiger werden.
- Wenn das Erreichen von Zielen mit negativen Emotionen verbunden ist, ist es bei jüngeren Mitarbeitern wahrscheinlicher als bei älteren, dass sie diese **emotionalen Kosten in Kauf nehmen**. Für ältere Mitarbeiter (nahe dem Rentenalter) ist das **momentane Wohlbefinden am Arbeitsplatz** oftmals **wichtiger** als für jüngere Mitarbeiter (siehe auch: Zacher und Frese 2009).
- Ältere Personen streben stärker nach einer guten Passung zwischen ihren Motiven und organisationalen Zielen und Vorgaben, da diese mit erhöhter Zufriedenheit einhergeht (Thielgen et al. 2015). Auf ein **Ungleichgewicht zwischen ihren Bedürfnissen und dem, was sie am Arbeitsplatz bekommen,** reagieren ältere Mitarbeiter (hier: über 50 Jahre) mit einer **geringeren Arbeitszufriedenheit** als jüngere (Krumm et al. 2013).

Die **subjektive Wichtigkeit der Bedürfnisbefriedigung** im Berufsleben erhöht sich, je knapper der verbleibende Zeithorizont ist – die restliche Zeit ist einfach „zu schade" für Kompromisse (Krumm et al. 2013).

Jüngere und ältere Menschen sind sich in einem Punkt sehr einig: Spaß und Freude bei der Arbeit ist unabhängig vom Alter das bedeutendste Motiv (Grube und Hertel 2008). Dies konnten auch Giesenbauer et al. (2017) zeigen. In deren aktueller Studie wurde untersucht, inwieweit sich **Generationen** (siehe Abschn. 4.3) **darin unterscheiden, was ihnen bei der Arbeit wichtig** ist. Besonders interessant an dieser Untersuchung ist, dass sowohl ein **Fremd- als auch ein Selbstbild** erfasst worden ist – und hier gibt es deutliche Differenzen. Im Fremdbild zeigen sich gängige Stereotype

---

[4] Dahingegen schätzen ältere Beschäftigte die **Interessantheit** ihrer Arbeitsaufgaben und ihre **persönliche Selbstverwirklichung** im Beruf im Vergleich zu den anderen Bedürfnissen als weniger relevant ein (Grube 2009).

3.2 Altersverlauf von Werten und Bedürfnissen

(siehe Abschn. 3.5): Der Generation Y (*1981–1995) wird ein hohes Interesse an neuen Techniken und Medien zugeschrieben, der Generation X (*1965–1980) ein professioneller Anspruch sowie das Bedürfnis nach Anerkennung und den Baby-Boomern (*1945–1964) der Wunsch nach persönlichen Gesprächen sowie das Streben nach Sicherheit und Stabilität. Im **Selbstbild** finden sich jedoch **kaum Unterschiede**. **Vertreter aus allen Generationen** benennen die beiden folgenden Merkmale als die wichtigsten: **Freude bei der Arbeit** sowie die **Möglichkeit zur Mitgestaltung!**

▶ *Wie können Sie als Führungskraft den unterschiedlichen Bedürfnissen Ihrer Mitarbeiter gerecht werden?*

▶ *Hat sich im Laufe Ihres Berufslebens eine Veränderung Ihrer Zielpriorisierung ergeben? Was war Ihnen am Anfang des Berufslebens wichtig, was beim Start in die Führungsrolle, wie sieht es jetzt aus? Wie können Sie diese Erkenntnisse für Ihre Führungsarbeit nutzen?*

Handlungsempfehlungen

- Behalten Sie als Führungskraft die Arbeitszufriedenheit Ihrer älteren Mitarbeiter im Blick. **Sprechen Sie immer wieder über Bedürfnisse** – mit allen Mitarbeitern. Diese können von Person zu Person sehr unterschiedlich sein, aber sich auch **bei ein und derselben Person im Laufe ihres Berufslebens ändern.** Vor allem wenn Sie einen Mitarbeiter schon lange in Ihrem Team begleiten, heißt dies nicht, dass die Dinge, die zu Beginn für ihn wichtig waren (wie z. B. regelmäßiges Feedback), weiterhin ein großes Bedürfnis darstellen müssen.
- Kommen Sie mit Ihren Mitarbeitern jeden Alters darüber ins Gespräch, wie viel **Feedback** sie zu ihren Leistungen benötigen und in welcher Form. Treffen Sie dazu regelmäßig Vereinbarungen, die für Sie beide passen.[5]
- Schaffen Sie **vielfältige Möglichkeiten der Werte- und Bedürfnisbefriedigung!** Bei vielen Aspekten lassen sich ältere und jüngere Mitarbeiter gut zusammenbringen: Jüngere Menschen wollen oft Neues lernen – ältere Menschen teilen gerne ihren Wissens- und Erfahrungsschatz.

---

[5] Selbstverständlich ist es Ihre Aufgabe als Führungskraft für Leistung zu sorgen. Sollte die Leistung nicht stimmen, werden Sie Rückmeldung geben müssen – ob der Mitarbeiter dies wünscht oder auch nicht. Mehr dazu erfahren Sie in Kap. 6.

- Seien Sie wachsam, wenn Sie das Gefühl haben, dass Mitarbeiter **Konflikte oder andere unangenehme Situationen vermeiden** – und so z. B. notwendige Veränderungen oder Klärungen nicht angehen, weil sie in der noch verbleibenden Zeit in ihrem Job unangenehmen Emotionen aus dem Weg gehen möchten. Dies ist zwar verständlich (im Sinne der veränderten Zielpriorisierung), kann aber dazu führen, dass notwendige kritische Themen nicht angesprochen oder Veränderungen ausgebremst werden.

Die **Socioemotional Selectivity Theory (SST)**▲ und die **Future Time Perspective (FTP)**▲ argumentieren zwar, dass für ältere Personen langfristige Ziele, die mit **Wissenserwerb** in Zusammenhang stehen, **weniger wichtig** sind als für jüngere Beschäftigte. An dieser Stelle soll aber noch einmal betont werden, dass ältere Beschäftigte genauso wie jüngere die Gelegenheit bekommen müssen, an Weiterbildungsmaßnahmen teilzunehmen. Lernen ist auch im höheren Alter möglich! Und **Weiterbildung** kann einen großen **motivierenden Effekt** haben. Über den direkten positiven Effekt der Erweiterung des Wissenshorizonts hinaus wird an ältere Berufstätige (von den Forschern hier eingeteilt in: 45+ Jahre alt) durch Weiterbildungsmaßnahmen das positive Signal gesendet, dass die Organisation langfristig in diese Arbeitnehmer investieren möchte (Kunze und Bruch 2012).

Handlungsempfehlungen

- **Binden Sie ältere Arbeitnehmer ganz bewusst in Weiterbildungsprozesse ein.** So können Sie deutlich machen, dass Sie als Führungskraft an einer (langfristigen) Qualifizierung Ihrer Mitarbeiter interessiert sind (denken Sie auch hier an Ihre langfristige Verantwortung und Ihren Einfluss als Führungskraft über das Arbeitsleben einer Person hinaus; siehe Abschn. 3.4). So stellen Sie sich auch gegen Stereotype, dass ältere Mitarbeiter eine zunehmend schwächere Leistung zeigen und weniger motiviert seien (siehe zu Stereotypen auch Abschn. 3.5).
- Dennoch muss an dieser Stelle noch einmal differenziert werden: Wenn jemand mit bspw. 45 Jahren versucht, Weiterbildungsmaßnahmen zu entgehen, sollten Sie als Führungskraft ein eindeutiges Gegensignal senden.

Prüfen Sie demgegenüber, ob ein Mitarbeiter in seinem letzten Berufsjahr wirklich noch teure und zeitaufwändige Schulungsmaßnahmen besuchen muss. Wenn allerdings die Umschulung auf eine neue Software unerlässlich ist, gilt diese Anforderung für alle Mitarbeiter gleichermaßen.

- **Sprechen Sie bewusst das Motiv von älteren Mitarbeitern zur Wissensweitergabe an:** *„Ihre Erfahrung sollte der Organisation auch weiterhin zur Verfügung stehen. Die jüngeren Kollegen werden es Ihnen danken, wenn Sie Ihr Wissen mit ihnen teilen."* Denn auch der **bewusste und systematische Wissenstransfer** ist eine wichtige Form der Weiterbildung und zeigt allen Beteiligten: Wir erkennen das langjährige Erfahrungswissen unserer Mitarbeiter an und wollen, dass die jüngeren Mitarbeiter dieses Wissen nutzen können.

3.3 Kompetenzen im Altersverlauf

Zusammenfassung 3.3

Motorische und sensorische Fähigkeiten (Sinneswahrnehmungen) lassen im Laufe des Lebens nach (siehe Abb. 3.3). Auch die **fluide Intelligenz**▲ fällt für gewöhnlich ab – wirklich massiv allerdings erst zu einem Zeitpunkt, der das Erwerbsleben einer Person in der Regel gar nicht mehr betrifft. Das **Wissen**, die sog. **kristalline Intelligenz**▲, eines Menschen steigt mit zunehmendem Alter sowie zunehmender Berufs- und Lebenserfahrung und kann den möglichen Rückgang der **fluiden Intelligenz**▲ oft kompensieren. Immer zu beachten ist: Die **Unterschiede zwischen einzelnen Personen** sind groß und diese **Varianz** wird mit steigendem Alter noch **größer**. Um das Potenzial von Mitarbeitern bestmöglich zu nutzen, sollten Sie als Führungskraft die generellen Kompetenzverläufe kennen und bei jedem Mitarbeiter die Leistungsfähigkeit immer wieder neu einschätzen.

Ein modernes Modell des Alterns löst das Defizitmodell ab

Wir gehen in aller Regel von einem **Defizitmodell des Alterns** aus, das besagt, dass unsere Fähigkeiten mit zunehmendem Alter abnehmen und damit auch Leistungseinbußen einhergehen. Vielleicht haben Sie auch selbst beim Zuordnen der vier Fähigkeiten zu den Altersverläufen gemerkt, welche Stereotype Ihnen dabei in den Kopf gekommen sind.

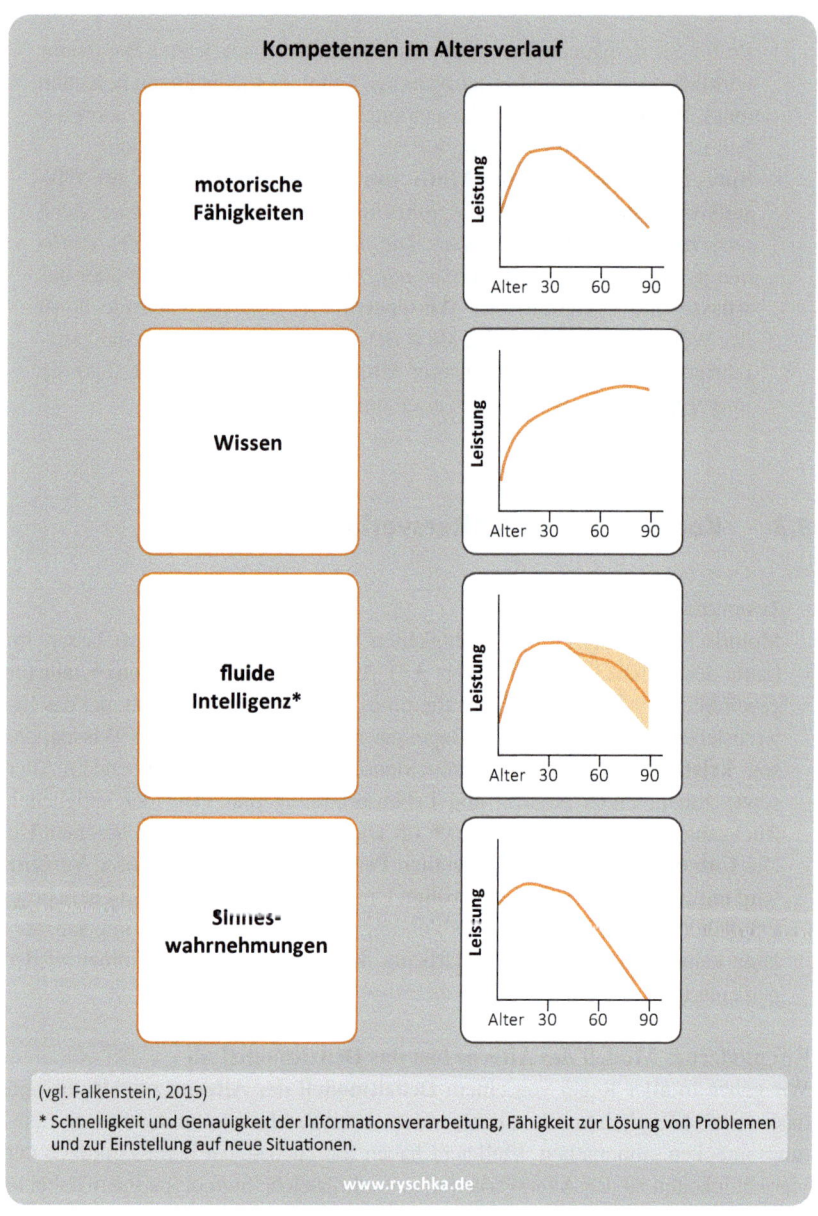

Abb. 3.3 Kompetenzen im Altersverlauf. Mit freundlicher Genehmigung von ©Organisationsentwicklung Ryschka, www.ryschka.de 2019. All Rights Reserved. Download möglich

3.3 Kompetenzen im Altersverlauf

Es lässt sich nicht von der Hand weisen, dass bestimmte Fähigkeiten mit zunehmendem Alter schlechter werden (s. u.). Spannend sind hier jedoch zwei Fragen:

1. Welche Fähigkeiten sind genau beeinträchtigt und inwieweit sind diese für den jeweiligen Beruf relevant?
2. Wann treten Einschränkungen tatsächlich auf und inwieweit spielt dies (noch) eine Rolle für das Erwerbsleben?

Nach zahlreichen Untersuchungen wird inzwischen in der Wissenschaft ein „**modernes Modell**" beschrieben, das das „Defizitmodell des Alterns" abgelöst hat (Bruch et al. 2010; Wegge und Schmidt 2015): Der Altersverlauf für verschiedene Fähigkeiten sieht unterschiedlich aus und muss dementsprechend differenziert betrachtet werden. Nicht alle Fähigkeiten werden mit dem Alter automatisch schlechter, wie es das Defizitmodell propagiert. **Achtung:** Dieses „neue Modell" sagt natürlich nichts darüber aus, was an tatsächlichen Meinungen bzgl. des Alterns in unseren Köpfen vorherrscht!

Verlauf von Fähigkeiten über die Lebensspanne (siehe Abb. 3.3):
- Bei der **fluiden Intelligenz**▲ ist zunächst mit ca. 40 Jahren ein leichter Abfall zu verzeichnen, gefolgt von einem **Plateau auf recht hohem Niveau**. Ein starker Abfall findet erst im Durchschnitt mit ca. 70 Jahren statt – also erst nach Eintritt des Rentenalters (Ahnert 2014). Dies bedeutet: **Die kognitive**▲ **Leistungsfähigkeit ist bei den meisten Menschen weit über das Berufsleben hinaus gegeben.** Und dies ist nicht unwichtig, denn das, was mit fluider Intelligenz▲ einhergeht, ist unerlässlich für erfolgreiches Arbeiten. Daher tun Organisationen, Führungskräfte und Individuen (d. h. natürlich auch Sie für sich selbst) gut daran, diese langfristig zu erhalten. Den Abfall abzumildern ist durchaus möglich! Weitere Infos hierzu finden Sie in Abschn. 3.4.
- Das **Wissen** (Allgemein-, Erfahrungs- und berufliches Wissen) eines Menschen, auch **kristalline Intelligenz**▲ genannt, **nimmt im Verlauf des Lebens zu** (Gajewski und Falkenstein 2011). Insbesondere das Erfahrungswissen spielt im Berufsleben eine große Rolle, z. B. beim Treffen von Entscheidungen in komplexen Sachverhalten.
- Demgegenüber nehmen die **motorischen Fähigkeiten** eines Menschen früh ab: Ungefähr ab einem Alter von 30 Jahren kann man von einem kontinuierlichen Rückgang sprechen. Von Leistungssportlern ist bekannt, dass sie in der Regel bis ca. 30 Jahre ihre höchsten Leistungen zeigen – vor allem in Sportarten, in denen insbesondere die Skelettmuskulatur im Gegensatz zum Herz-Kreislauf-System gefordert ist (z. B. Baker und Tang 2010).

- Auch die **Sinneswahrnehmungen** lassen – wenn auch nicht ganz so stark wie die motorischen Fähigkeiten – ab ca. 30 Lebensjahren zunehmend nach, was sich bzgl. **aller Sinnesorgane** zeigt (im Überblick: Klußmann et al. 2009). So nimmt u. a. die **Sehfähigkeit** ab (höhere Blendeempfindlichkeit, verminderte Tiefenwahrnehmung, Verminderung der Sehschärfe, verzögerte Dunkelanpassung, Einengung des Gesichtsfeldes, längere Einstelldauer für eine scharfe Wahrnehmung eines Objekts, schlechtere Farbwahrnehmung) (Bouwhuis 1992; Saup 1993).

Die **Hörfähigkeit** wird ebenfalls eingeschränkt. Zunehmende Altersschwerhörigkeit und erhöhte Störanfälligkeit für Hintergrundgeräusche entwickeln sich aufgrund struktureller Veränderungen wie dem Absterben von Hörzellen und Abnutzungserscheinungen von Gehör-Rezeptorzellen (Saup 1993).

Auch der **Tastsinn** ist nicht mehr so empfindsam (aufgrund der Verminderung der Tastkörperchen und gradueller Abnahme der Hautsensibilität), nimmt jedoch nicht so stark ab wie die Sehfähigkeit (Saup 1993).

Störungen der Sinnesfunktionen Riechen und Schmecken steigen bei 65–80-Jährigen auf 60 %, bei über 80-Jährigen auf 75 % an (Doty et al. 1984; Stevens und Dadarwala 1993). Diese Abnahme von **Geruchs- und Geschmacksfähigkeiten** hat nur für bestimmte Berufsgruppen (Restaurant-/Lebensmitteltester, Chemiker etc.) Einfluss auf den arbeitsbezogenen Kontext.

Die wichtigen Botschaften an dieser Stelle:
- In vielen Berufen kommt es heutzutage nicht mehr so stark auf die früh abnehmenden motorischen und sensorischen Fähigkeiten an.
- Der leichte Rückgang **fluider Intelligenz▲** wird meist durch die **kristalline Intelligenz▲** kompensiert. Es wäre also fatal, älteren Mitarbeitern immer weniger kognitiv▲ anspruchsvolle Aufgaben zuzutrauen und zu übertragen! Im Gegenteil: Anspruchsvolle und abwechslungsreiche Aufgaben stärken die fluide Intelligenz▲ (s. u.).

Leistungsunterschiede zwischen Menschen gibt es natürlich in jedem Fall – diese sollen an dieser Stelle nicht negiert werden (siehe hierzu Kap. 6). Wichtig ist jedoch, dass im berufstätigen Alter das **Alter an sich nicht die entscheidende Größe** ist, die diese Unterschiede erklärt.

3.3 Kompetenzen im Altersverlauf

Menschen sind unterschiedlich – und auch die Altersverläufe der verschiedenen Fähigkeiten variieren!
Bei allen vorherigen Ausführungen und Untersuchungen zu den Kompetenzen eines Menschen über die Lebensspanne hinweg sollte im Führungsalltag Folgendes berücksichtigt werden: Die **Altersverläufe** – und auch die subjektiv empfundene Arbeitsfähigkeit (siehe Abschn. 3.7) – sind von Mensch zu Mensch sehr **unterschiedlich!**

Das heißt es müssen stets die **individuellen** (mit zunehmendem Alter nochmals größer werdenden!) **Unterschiede berücksichtigt** werden. Es gibt Personen, die schon recht früh in ihrem Alterungsprozess mit Einschränkungen leben müssen und diese auch als solche erleben, während andere bis ins hohe Alter hinein kaum Einbußen ihrer Fähigkeiten haben und sich arbeitsfähig fühlen. Z. B. hat Helmut Schmidt noch im Alter von über 90 Jahren fokussiert politische Analysen vorgenommen.

▶ *Vielleicht fallen Ihnen weitere Beispiele öffentlicher Personen sowie Menschen aus Ihrem Familien- und Freundeskreis ein, die auch im hohen Lebensalter geistig und/oder körperlich beeindruckend fit sind?*

Sprechen wir also von „einem älteren Mitarbeiter", ist vor allem von einem Aspekt die Rede: von *einem* älteren Mitarbeiter – und nicht von *den* älteren Mitarbeitern im Allgemeinen.

Handlungsempfehlungen

- Achten Sie darauf, dass Sie jedem Ihrer Mitarbeiter **individuell gerecht werden!**
- **Schließen Sie nicht von einem** (älteren) Mitarbeiter in Ihrem Team **auf andere Mitarbeiter** und vor allem nicht von Ihrem eigenen Empfinden und Erleben auf das anderer (sogenannte projektive Verzerrungen).
- Lassen Sie sich nicht von Ihren **Stereotypen** über bestimmte Altersklassen leiten i. S. v. *„Die ist schon so alt, die will doch sicher nicht mehr zur Fortbildung"*, oder über bestimmte Lebensphasen i. S. v. *„Der ist jetzt erst einmal mit seinen Kindern beschäftigt und braucht dann nicht auch noch neue Herausforderungen in der Arbeit."*
Dem Thema Stereotype widmen wir uns ausführlicher in Abschn. 3.5.

3.4 Einflüsse auf die fluide Intelligenz▲

Zusammenfassung 3.4

Die **fluide Intelligenz**▲ eines Menschen kann durch verschiedene Faktoren positiv beeinflusst und dadurch auch im hohen Alter erhalten oder sogar gesteigert werden (siehe Abb. 3.4). Bei den Einflussmöglichkeiten lassen sich **arbeitsbezogene Faktoren** und **personenbezogene Faktoren** (d. h. Verhältnis- und Verhaltensprävention) unterscheiden. Die arbeitsbezogenen Faktoren können durch Sie als Führungskraft und/oder Ihre Organisation maßgeblich beeinflusst werden. Auch bei den personenbezogenen Faktoren können Sie als Führungskraft **bestmögliche Voraussetzungen** schaffen sowie **mit gutem Beispiel** vorangehen.

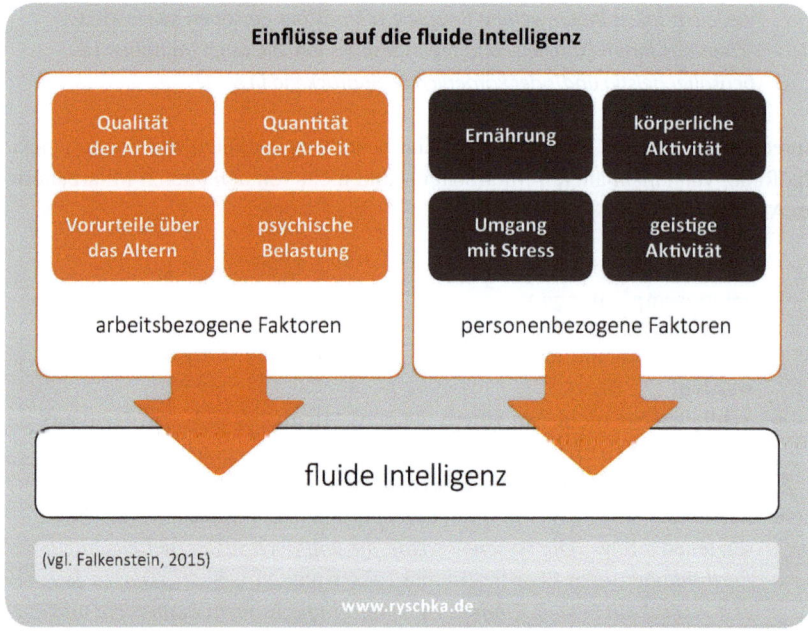

Abb. 3.4 Einflüsse auf die fluide Intelligenz. Mit freundlicher Genehmigung von ©Organisationsentwicklung Ryschka, www.ryschka.de 2019. All Rights Reserved

3.4 Einflüsse auf die fluide Intelligenz▲

Dass die **fluide Intelligenz**▲ eines Menschen im Laufe des Lebens abnimmt, ist unumstritten. Weiterhin gilt als gesetzt, dass fluide Intelligenz▲ für das erfolgreiche Arbeiten im Beruf unerlässlich ist, da sie beim schnellen und genauen Verarbeiten von Informationen, beim Problemlösen oder beim flexiblen Einstellen auf neue Gegebenheiten eine bedeutende Rolle spielt. Drei gute Nachrichten gibt es in diesem Zusammenhang:

1. Wie in Abschn. 3.3 dargestellt, ist ein starker Abfall der fluiden Intelligenz▲ oft erst ab dem 70. Lebensjahr zu bemerken.
2. Mit Blick auf die **Arbeitsleistung** kann der Rückgang der fluiden Intelligenz▲ durch die **kristalline Intelligenz**▲, also Wissen und Erfahrung, häufig weitestgehend kompensiert werden (vgl. Abschn. 3.3).
3. Es gibt eine Vielzahl von Einflussmöglichkeiten auf die **fluide Intelligenz**▲, um den Abfall zu mildern. Diese lassen sich in arbeits- und personenbezogene Faktoren unterteilen.

Arbeitsbezogene Einflussfaktoren – Verhältnisprävention
Was können und sollten Sie als Führungskraft an Bedingungen schaffen, um die fluide Intelligenz▲ zu fördern oder zumindest deren Abfall abzumildern?
Im Folgenden werden die vier bedeutendsten arbeitsbezogenen Einflussgrößen vorgestellt:

1. **Qualität der Arbeit: Geistig anregende** und **abwechslungsreiche Arbeit** fördert die kognitive▲ Fitness (Gajewski und Falkenstein 2011; Falkenstein 2015; Marquié et al. 2002).

▶ *Inwieweit erleben Ihre Mitarbeiter die Arbeit als geistig anregend?*
▶ *Wie viel Abwechslung gibt es bei den Arbeitsaufgaben?*
▶ *Welche Möglichkeiten haben Ihre Mitarbeiter, auch andere Tätigkeiten kennenzulernen?*
▶ *Wie kann die jetzige Tätigkeit „vertikal" erweitert werden (von Planung über Vorbereitung, Ausführung und Kontrolle der jeweiligen Aufgaben)?*

Handlungsempfehlungen

Sorgen Sie dafür, dass Ihre Mitarbeiter **kognitiv**▲ **anregende Tätigkeiten** verrichten und ggf. auch ihren Arbeitsplatz/Tätigkeitsbereich wechseln können, wenn dies zu mehr **Abwechslung** und Anregung führt.

2. **Quantität der Arbeit: Zu lange Arbeit** beeinträchtigt die mentale Fitness: **Mehr als 55 Stunden arbeiten pro Woche** (im Vergleich zu einer 40-Stunden-Woche) geht mit **niedrigeren kognitiven▲ Leistungen** in verschiedenen Bereichen einher. Eine zu hohe Arbeitsdauer hat nicht nur kurzfristige Effekte: Das logische Denken ist auch fünf Jahre später noch beeinträchtigt (Virtanen et al. 2009)![6]

▶ *Wie viele Stunden arbeiten Sie pro Woche? Was erwartet Ihre Führungskraft? Wie ist Ihre eigene (ehrliche!) Haltung zu Überstunden? Und was leben Sie Ihren Mitarbeitern vor?*

Handlungsempfehlungen

- Achten Sie auf das **Arbeitspensum Ihrer Mitarbeiter.** Viele Überstunden sollten eine Ausnahme sein (z. B. in bestimmten Projektphasen) und nicht die Regel.
- Viele Arbeitsstunden bedeuten nicht automatisch eine hohe Qualität der Arbeit oder aber eine besondere Wichtigkeit der Funktion/Person. Gehen Sie selbst mit gutem Beispiel voran.

3. **Negative Altersstereotype,** mit denen Ältere konfrontiert werden, beeinträchtigen ihre Leistung, **positive Altersstereotype** fördern sie i. S. d. Stereotype Embodiment Theory (SET)▲ (Levy 2003, 2009; Wheeler und Petty 2001). Negative Vorurteile gegenüber Älteren können in der Idee münden, dass ältere Mitarbeiter dem stressigen Arbeitsalltag nicht mehr gewachsen sind bzw. sich diesem nicht mehr gewachsen fühlen (Vertiefung im nächsten Abschn. 3.5).

▶ *Welche Bilder haben Ihre Mitarbeiter über bestimmte Altersklassen und Generationen im Kopf?*

---

[6] Nicht berücksichtigt haben die Autoren der Studie jedoch, ob die Personen, die über 55 Stunden arbeiten, ggf. sowieso eine schlechtere Performance zeigen und generell eine schlechtere fluide Intelligenz▲ aufweisen als die Personen, die von weniger Stunden Arbeitszeit berichten. Man könnte also mit kritischem Blick sagen: Vielleicht brauchen Personen mit geringerer fluider Intelligenz▲ einfach länger, um ihre Arbeitsaufgaben zu erledigen. Dennoch sind wir der Ansicht, dass eine hohe Menge an Arbeitsstunden über einen langen Zeitraum hinweg (Spitzen in Projektphasen einmal ausgenommen) nicht gesundheits- und (damit auch nicht) geistesförderlich sind.

3.4 Einflüsse auf die fluide Intelligenz▲

> **Handlungsempfehlungen**
>
> - **Machen Sie Vorurteile über ältere sowie jüngere Mitarbeiter in Ihrem Team besprechbar!** Bauen Sie gemeinsam negative Stereotype ab und nutzen Sie die jeweiligen Potenziale der Mitarbeiter bestmöglich.
> - **Seien Sie aufmerksam,** wenn Mitarbeiter sich selbst bestimmte Dinge nicht mehr zutrauen, weil sie glauben, diese nicht mehr bewältigen zu können und reagieren Sie darauf (Vertiefung in Abschn. 6.1.3).

4. **Psychische Belastungen** am Arbeitsplatz beeinflussen die fluide Intelligenz▲. Es liegen uneinheitliche Ergebnisse zum komplexen **Zusammenhang von Alter und Stress(-erleben)** bzw. dem Umgang mit Beanspruchungen am Arbeitsplatz vor (zunehmendes Alter = weniger Stresserleben: Ng und Feldman 2010; Rauschenbach und Hertel 2011; kein nennenswerter Zusammenhang zwischen Alter und Stresserleben: Rauschenbach et al. 2013). Wichtig ist an dieser Stelle allerdings, dass ältere Menschen **körperlich** sehr wohl stärker auf Stress reagieren als jüngere (z. B. Graham et al. 2006; Jennings et al. 1997; Uchino et al. 2006), dies gleichzeitig **subjektiv** jedoch **nicht so empfinden** (Stawski et al. 2006)! Damit laufen ältere Menschen Gefahr, die negativen Effekte von Stress zu unterschätzen und ihr Verhalten nicht angemessen anzupassen.

Bei lang anhaltendem **chronischem Stress** zeigen Tierstudien sehr eindrücklich, dass Stress nicht nur zu **körperlichen Erkrankungen** führt, sondern auch **kognitive▲ – vor allem fluide▲ – Funktionen** beeinträchtigen kann, z. B. das Ausführen komplexer Aufgaben (Arnsten 2009, 2015).

Vor allem für ältere Mitarbeiter – deren Immunsystem durch die Alterungsprozesse nicht mehr so stark ist wie noch in jüngeren Jahren – kann **das Erleben von Stress über einen längeren Zeitraum** hinweg ernsthafte Folgen haben: Aufgrund von Studien mit Ratten (Bloss et al. 2010) muss vermutet werden, dass die **negativen Auswirkungen von Stress** auf kognitive▲ Funktionen bei älteren Menschen auch nach einer Erholungsphase **nicht mehr umkehrbar** sind! Demgegenüber können sich jüngere Menschen von langanhaltenden Stressbelastungen besser erholen, kognitive▲ Funktionen werden nicht dauerhaft eingeschränkt.

▶ *Wissen Sie, was Ihre Mitarbeiter als größte Stressoren empfinden?*
▶ *Was tun Sie gemeinsam, um diese Stressoren zu reduzieren? Inwiefern können Ihre Mitarbeiter Kontrolle über die Stressoren ausüben?*
▶ *Inwiefern tauschen sich erfahrene Mitarbeiter und jüngere Mitarbeiter über den Umgang mit Stress aus?*

Handlungsempfehlungen

- Achten Sie darauf, dass Ihre Mitarbeiter **nicht über einen langen Zeitraum durchgängig Stress** erleben. Häufige Stressoren bei der Arbeit sind z. B. soziale Konflikte, zu viel Arbeit, Zeit- und Leistungsdruck, Störungen/Unterbrechungen, geringe Handlungsfreiheit, schlechte Passung zwischen Anforderungen und Fähigkeiten, aber natürlich auch schlechtes Führungsverhalten, z. B. unklare Aufgabenübertragung oder fehlende Wertschätzung.
- Besprechen Sie die Stressoren gemeinsam mit Ihren Mitarbeitern.
- Schaffen Sie Gelegenheiten, dass sich Ihre **Mitarbeiter über Strategien zum Umgang mit Stress austauschen können** – jüngere Mitarbeiter können von den Erfahrungen älterer Mitarbeiter profitieren und umgekehrt genauso.

Personenbezogene Einflussfaktoren – Verhaltensprävention
Über die Gestaltung der Arbeit hinaus kann jeder Mensch über sein eigenes Verhalten Einfluss auf die geistige Leistungsfähigkeit nehmen. Natürlich ist dies Privatsache des Mitarbeiters (vor allem, wenn es um persönliche Lebensbereiche wie Ernährung und Bewegung geht). Dennoch sollten Sie für sich als Führungskraft reflektieren, welche **Vorbildfunktion** Sie bzgl. der folgenden vier Gestaltungsfelder ausfüllen möchten und wie Sie für sich selbst bzgl. dieser Aspekte Sorge tragen, um Ihrem komplexen und anspruchsvollen Job als Führungskraft gerecht zu werden.

1. **Ernährung** hat einen Einfluss auf die kognitive▲ Leistungsfähigkeit. Obst und Gemüse, Nüsse sowie ausreichend Flüssigkeit wirken positiv (Gröber und Kisters 2015).
2. Ebenso wirkt **körperliche Aktivität:** Es lässt sich in **Hirnstruktur** und -aktivität zeigen, dass Bewegung nicht nur die körperliche, sondern auch die kognitive▲ Fitness steigert (Erickson et al. 2010; Gajewski und Falkenstein 2015; Hogan et al. 2013).

3.4 Einflüsse auf die fluide Intelligenz▲

- ▶ *Was tun Sie für sich selbst in Sachen Ernährung? Inwieweit können Sie sich noch gesünder ernähren? Was würde Ihnen dabei helfen? Inwieweit bemerken Sie bei sich einen Zusammenhang zwischen Ihrer Ernährung und Ihrer Leistungsfähigkeit am selben, aber auch am darauffolgenden Tag?*
- ▶ *Welchen körperlichen Aktivitäten gehen Sie nach? Welchen Sport haben Sie ggf. früher einmal gern gemacht?*
- ▶ *Welche körperlichen Aktivitäten können Sie in den (beruflichen) Alltag integrieren, z. B. mit dem Rad zur Arbeit fahren?*

Handlungsempfehlungen

- Als Führungskraft (aber auch als Mitarbeiter) können Sie sich für gesunde Ernährungsmöglichkeiten einsetzen. Nehmen Sie Einfluss auf das **Angebot im Betriebsrestaurant,** in Versorgungsautomaten etc.
- Ermöglichen Sie Ihren Mitarbeitern, **sportlichen Aktivitäten** nachzukommen, bspw. durch eine ausgedehnte **Mittagspause** für eine Einheit im Fitnessstudio, zum Joggen etc. oder auch durch einen **pünktlichen Feierabend.**

---

3. Nicht nur Stressoren auf der Arbeit selbst, sondern auch der **eigene Umgang mit Stress** kann einen Einfluss auf das kognitive▲ Leistungsvermögen, die **fluide Intelligenz▲,** haben.

Es kann vermutet werden, dass **ältere Mitarbeiter durch ihr Wissen, ihre Erfahrung und ihre emotionalen und Selbstregulationskompetenzen akutem Stress** durchaus gewachsen sind – ggf. **sogar besser als ihre jüngeren Kollegen.** Untersuchungen bescheinigen älteren Mitarbeitern zum Teil bessere **Stressbewältigungskompetenzen** als jüngeren: Ältere wenden mehr **aktive problembezogene Bewältigungsstrategien** an als Jüngere (Hertel et al. 2015). Sie ergreifen direkte Maßnahmen zur Beseitigung oder Umgehung von Stressoren oder deren Auswirkungen.

- ▶ *Wie ist Ihr eigener Umgang mit Stress? Was hilft Ihnen dabei, Ihren Stress zu reduzieren?*
- ▶ *Welche Anregungen geben Sie Ihren Mitarbeitern in stressigen Zeiten?*

Handlungsempfehlungen

Fördern Sie einen gesunden Umgang mit Stress bei Ihren Mitarbeitern.
Setzen Sie sich bspw. für ein Stressmanagementtraining für Ihr Team ein. Neben Informationen darüber, was Stress genau ist, wie er entsteht und welche Funktion Stressreaktionen eigentlich haben, können in solch einer Weiterbildung Entspannungs- und Achtsamkeitsübungen eingeübt, der Umgang mit stressauslösenden und -verschärfenden Gedanken reflektiert sowie **individuelle Strategien** für einen erfolgreichen Umgang mit Stresssituationen entwickelt werden. Als vertiefende Literatur können wir Ihnen Kaluza (2015), Wagner-Link (2010) sowie die beiden Selbstcoaching-Kalender „Balance" (Ryschka et al. 2011) und „Zeit für Zeit" (Ryschka et al. 2008) empfehlen.

4. Ebenso wie die körperliche Aktivität hat auch die **geistige Aktivität** einen Einfluss auf die **fluide Intelligenz▲** und den Erhalt der kognitiven▲ Leistungsfähigkeit.
   Neben der **kognitiv anspruchsvollen Arbeit** selbst (Marquié et al. 2002) haben auch spezielle **kognitive Trainings**, z. B. Sudoku und Rechenaufgaben (Gajewski und Falkenstein 2015), sowie **kognitiv anspruchsvolle Tätigkeiten in der Freizeit** wie Musizieren oder Tanzen (Bangert und Altenmüller 2003; Gaser und Schlaug 2003; Kattenstroth et al. 2013; Schumacher 2006) einen positiven Effekt auf die Lernfähigkeit und die kognitive Fitness von Menschen.

▶ *Was machen Sie selbst, um geistig fit zu bleiben? Welche geistigen Herausforderungen stellen Sie sich?*

Handlungsempfehlungen

- Sorgen Sie für **kognitiv▲ anspruchsvolle Tätigkeiten bei der Arbeit.** Achten Sie darauf, dass Ihre Mitarbeiter nicht unterfordert sind.
- Ermöglichen Sie Ihren Mitarbeitern, auch nach der Arbeit bzw. in ihrer Freizeit herausfordernden und interessanten Aktivitäten nachgehen zu können. Dies zielt nicht nur auf eine gute Work-Life-Balance ab: Erfolgserlebnisse aus dem Privaten (sog. Mastery-Erlebnisse) übertragen sich im Positiven auch auf die Arbeit (Binnewies et al. 2010).

Handlungsempfehlungen

Reflektieren Sie abschließend die verschiedenen arbeits- und personenbezogenen Möglichkeiten, um auf die fluide Intelligenz▲ Einfluss zu nehmen:

- die Qualität und Quantität der Arbeit,
- Vorurteile über das Alter,
- psychische Belastungen am Arbeitsplatz,
- Ernährung,
- Bewegung,
- der Umgang mit Stress sowie
- geistige Aktivität.

▶ *Welche Einflussfaktoren nutzen Sie bereits bewusst als Führungskraft, um die fluide Intelligenz▲ zu fördern – bei Ihren Mitarbeitern und auch bei sich selbst?*
▶ *Worauf möchten Sie in Zukunft verstärkt achten?*
▶ *Welche To-Dos ergeben sich für Sie?*

Heutige Tätigkeiten und Arbeitsbedingungen haben einen Einfluss – auch über das Arbeitsleben hinaus
Abwechslungsreiche Tätigkeiten sowie ein großer **Handlungsspielraum** – als zwei elementare Gestaltungsmerkmale erfüllender Arbeit (Hackman und Oldham 1976) – haben nicht nur einen Effekt auf die derzeitige Leistung, die jetzige **fluide Intelligenz▲** und die Zufriedenheit Ihrer Mitarbeiter, sondern auch auf deren Situation *nach* dem Renteneintritt: Mitarbeiter mit **wenig Kontrolle in ihrem Job** und einem **wenig aktiven Job** in ihrer Lebensmitte (in einem Alter von ca. 50 Jahren) zeigten **auch im Rentenalter eine schlechtere kognitive▲ Leistung** als die Vergleichsgruppen (Andel et al. 2011).

Untersuchungen im Rahmen der langjährigen internationalen Arbeitsfähigkeitsforschung (**WAI▲**-Forschung) belegen weiterhin, dass ein Großteil der Personen, die am Ende des Berufslebens ihre Arbeitsfähigkeit als gut einschätzen, auch noch fünf Jahre *nach* Renteneintritt von einer **höheren Lebensqualität und -zufriedenheit** sowie einer **besseren körperlichen Verfassung und Gesundheit** berichten (Tuomi et al. 2001).

> **Handlungsempfehlungen**
>
> Mit dem Thema „Einfluss der Arbeit auf die arbeitende Person über das Berufsleben hinaus" können Sie sich als **attraktiver und fürsorglicher Arbeitgeber** bei aktuellen und potenziellen Mitarbeitern positionieren! Machen Sie deutlich, dass Sie sich als Führungskraft und Organisation dieser **langfristigen Verantwortung** bewusst sind.

3.5 Stereotype[7] über ältere und jüngere Mitarbeiter

> **Zusammenfassung 3.5**
>
> Es existieren zahlreiche Stereotype über ältere und jüngere Personen (siehe Abb. 3.5). Stereotype erfüllen eine wichtige Funktion, da sie unser Erfahrungswissen bündeln und uns in Form von **Heuristiken▲** (Daumenregeln) helfen, schnell zu bewerten, zu entscheiden und zu handeln. Dabei müssen wir uns immer bewusst sein, dass wir mit groben Vereinfachungen arbeiten, die nicht immer passend sind („Schubladendenken"). Problematisch werden Stereotype auch dann, wenn sie unser Denken und Handeln so stark leiten, dass unsere Erwartungen letztlich auch bestätigt werden – eine **sich-selbst-erfüllende Prophezeiung▲**: Z. B. wird älteren Mitarbeitern der Umgang mit moderner Technik nicht mehr zugetraut. Diese können die Technik dann nicht erlernen, beherrschen sie dementsprechend auch nicht und bauen weitere Unsicherheiten im Umgang mit neuer Technik auf. Dadurch bleibt das Vorurteil der wenig technikaffinen älteren Mitarbeiter weiter bestehen. Aus diesem Grund ist es wichtig, als Führungskraft Stereotype immer wieder kritisch zu prüfen.

Stereotype – die eigenen und die der Mitarbeiter – als der entscheidende Faktor beim Führen von Jung und Alt
Auf den vorhergehenden Seiten wurde bereits darauf hingewiesen, welch **bedeutende Rolle Vorurteile** beim Führen von Jung und Alt spielen. Die Leistungseinbußen im Alter sind bei weitem nicht so groß bzw. so früh auftretend wie oftmals

---

[7] Manchmal wird im wissenschaftlichen Kontext zwischen den beiden Begrifflichkeiten „Stereotyp" und „Vorurteil" unterschieden (letztere sind stärker mit Emotionen verknüpft und bergen dadurch ein größeres Risiko für negatives aus-/abgrenzendes Denken und Verhalten). Wir folgen anderen Autoren (z. B. Wegge und Schmidt 2015) und dem allgemeinen Sprachgebrauch und verwenden die beiden Begriffe in diesem Buch synonym.

3.5 Stereotype über ältere und jüngere Mitarbeiter

Stereotype über ältere und jüngere Mitarbeiter

Verbreitete negative Stereotype über ältere Mitarbeiter

- Schwächen in Gedächtnisleistung sowie in Koordinations- und Aufnahmefähigkeit
- können mit der geforderten Geschwindigkeit (und neuen Technologien) nicht mithalten
- weniger offen gegenüber Neuerungen („festhalten an Altbewährtem"); veränderungsresistent
- wenig Interesse daran, etwas Neues zu erlernen (Lernaufwand wird aufgrund des bevorstehenden Ruhestandes als wenig sinnvoll erachtet)
- zeigen sich eher mit alten Strukturen zufrieden; weniger innovativ und kreativ
- risikoscheu
- eher „träge" und „müde"; weniger motiviert; arbeiten nicht so hart wie andere Mitarbeiter
- mehr Gesundheitsprobleme bei der Arbeit
- kosten mehr als jüngere Mitarbeiter
- selbstzentrierter und anspruchsvoller im Umgang mit Kollegen und der Führungskraft
- investieren mehr Zeit in die Familie als in die Arbeit
- …

Verbreitete negative Stereotype über jüngere Mitarbeiter*

- wenig Erfahrung und Wissen; viel Theorie, wenig Praxis
- verstehen komplexe Zusammenhänge nicht
- Entscheidungen sind weniger fundiert
- wenig pragmatisches Denken
- zu risikobereit
- können noch keine Führungsverantwortung übernehmen
- soziale Kompetenz noch nicht ausreichend ausgeprägt
- wenig mikropolitisches Geschick; kennen die „Spielregeln" noch nicht
- ungeduldig, wenig gelassen
- leichter aus der Ruhe zu bringen und zu stressen; weniger Selbstregulationskompetenzen
- …

(im Überblick: Kite, Stockdale, Whitley & Johnson, 2005; Kunze, Boehm & Bruch, 2011; Müller, Curth & Nerdinger, 2012; Ng & Feldman, 2008, 2010, 2012; Posthuma & Campion, 2009; weitere Studien: Brooke & Taylor, 2005; Kunze, Boehm & Bruch, 2013a; Shore, Cleveland & Goldberg, 2003; Wrenn & Maurer, 2004)

* Negative Stereotype gegenüber älteren Mitarbeitern sind durchaus weiter verbreitet (und auch stärker erforscht) als gegenüber jüngeren. Nichtsdestotrotz gibt es auch Stereotype über jüngere Mitarbeiter, die gerade ins Berufsleben einsteigen. Vermutlich fallen Ihnen auch noch weitere Stereotype über ältere und jüngere Mitarbeiter ein.

www.ryschka.de

Abb. 3.5 Stereotype über ältere und jüngere Mitarbeiter. Mit freundlicher Genehmigung von ©Organisationsentwicklung Ryschka, www.ryschka.de 2019. All Rights Reserved. Download möglich

angenommen (siehe Abschn. 3.3) (z. B. Ng und Feldman 2012) und jede Altersklasse bringt ganz unterschiedliche wichtige Potenziale mit (z. B. Kunze et al. 2013b). **Dennoch halten sich Stereotype über Altersklassen und Generationen hartnäckig – mit weitreichenden Folgen** wie zwei exemplarische Studien mit mehr als 8000 Befragten aus ca. 130 Unternehmen zeigen: Organisationen, deren Topmanager negative Altersstereotype haben sowie Organisationen, in denen ein Klima der Altersdiskriminierung herrscht, weisen eine geringere **Performance** auf (Kunze et al. 2011, 2013a).

In Abb. 3.5 finden Sie eine Auswahl an typischen Stereotypen gegenüber jüngeren und älteren Menschen. Älteren Mitarbeitern werden z. B. eine schwächere Gedächtnisleistung, weniger Offenheit gegenüber Neuerungen und mehr gesundheitliche Probleme nachgesagt. Jüngeren Mitarbeitern werden weniger negative Vorurteile entgegengebracht (hierzu gibt es auch weniger Forschung). Zugeschrieben wird Jüngeren, dass sie wenig Praxiserfahrung mitbringen, komplexe Zusammenhänge nicht verstehen, keine Führungsaufgaben übernehmen können, dass Entscheidungen wenig fundiert und soziale Kompetenzen nicht ausreichend ausgeprägt sind.

- ▶ *Welche Stereotype kamen Ihnen in den Kopf, als Sie die Verlaufskurven zu Beginn des Buches zuordnen sollten?*
- ▶ *Welche weiteren Vorstellungen haben Sie über verschiedene Altersklassen oder zu verschiedenen Generationen?*
- ▶ *Welchem Vorurteil sind Sie schon selbst im Laufe Ihres Berufslebens (mehr oder weniger offen) begegnet?*
- ▶ *Welche der in der Abb. 3.5 genannten Stereotype können Sie direkt mit einem Gegenbeispiel widerlegen?*

Wenn Menschen **nicht unseren gängigen Stereotypen entsprechen,** bewerten wir dies in einigen Fällen positiv und in anderen negativ. So zeigen verschiedenste Untersuchungen **zum Geschlecht** – einem **noch** salienteren▲ Merkmal im Vergleich zum Alter –, dass **Frauen, die sich nicht geschlechtsstereotyp verhalten, mit negativen Effekten zu rechnen haben.**

Frauen wird z. B. per se eher ein transformationaler Führungsstil▲ zugeschrieben, weil dieses Führungsverhalten eher den weiblichen Rollenklischees entspricht (Stempel et al. 2015). Einen deutlichen positiven Effekt auf die Arbeitszufriedenheit von Mitarbeitern durch ausgeprägtes transformationales Führungsverhalten▲ (im Gegensatz zu gering ausgeprägtem transformationalen Führungsverhalten▲) fanden die Forscher daher nur bei männlichen Führungskräften. Frauen werden die positiven Eigenschaften bereits stereotyp zugeschrieben – dort gab es im Gegensatz zu männlichen Führungskräften keinen „positiven Überraschungseffekt" –, wodurch ein ausgeprägtes transformationales Führungsverhalten▲ einen deutlich geringeren positiven Effekt auf die Arbeitszufriedenheit hatte (Wolfram und Mohr 2010).

3.5 Stereotype über ältere und jüngere Mitarbeiter

Frauen, die ihre Meinung vertreten, für sich Position beziehen (im Englischen bzw. in der Forschung oft auch als „voice" bezeichnet), **ehrgeizig und erfolgreich sind**, laufen Gefahr, von anderen (auch von anderen Frauen!) abgewertet zu werden – und z. B. als „zu aggressiv" oder „zu bossy" bewertet zu werden (z. B. Grant 2013; Heilman und Okimoto 2007; Koenig et al. 2011). Erfolgreiche, forsche, selbstbewusste Frauen weichen vom Geschlechtsstereotyp ab, verträglich und anpassungsfähig zu sein sowie sich eher um die Belange anderer zu kümmern als um sich selbst. Die (unbewusste) Angst davor, von diesem weiblichen Rollenklischee abzuweichen, scheint im Übrigen auch eine Erklärung dafür zu sein, warum es vielen Frauen schwer fällt, nachdrücklich für sich selbst zu verhandeln: (Gehalts-)Verhandlungen auf bestimmte Art und Weise zu führen und dabei auf den eigenen Vorteil bedacht zu sein, entspricht nun einmal nicht dem gängigen Frauenstereotyp. Sichtbar wird dies u. a. in Untersuchungen, in denen Frauen für *jemand anderen* bzw. für eine ganze *Gruppe* verhandeln sollen und auf einmal deutlich bessere Verhandlungsergebnisse erzielen, als wenn sie (wie in den Untersuchungen zuvor getestet) für sich selbst die Verhandlung führen müssen (Amanatullah und Morris 2010; Bowles et al. 2005; Mazei et al. 2015). Andere Untersuchungen zeigen, dass Männer mit besseren Performanceevaluationen rechnen können, wenn sie Innovationen einbringen – so, wie wir es auch erwarten würden. Bei Frauen zeigt sich allerdings das genaue Gegenteil: Frauen, die Verbesserungsvorschläge machen, laufen Gefahr, von ihren Führungskräften als weniger loyal im Vergleich zu ihren männlichen Kollegen eingestuft zu werden und ihre Ideen werden seltener umgesetzt (Burris 2012; Howell et al. 2015).

Dies war nur eine Auswahl diverser Studien, die zeigen, dass wir – Bemühungen um Gleichberechtigung hin oder her – Frauen und Männer mit unterschiedlichen Maßstäben belegen und Personen (unbewusst)[8] auch danach beurteilen, wie sehr sie unseren Vorstellungen von Geschlechterrollen entsprechen.

Warum schreiben wir all das? Das **Geschlecht und das Alter sind die salientesten▲, die sichtbarsten, Merkmale überhaupt**, mit denen wir Menschen es im Berufs- und Privatleben zu tun haben. Dementsprechend stecken viele Vorurteile bzgl. des Geschlechts und des Alters in unseren Köpfen. Häufiger und in weitaus

---

[8] Unbewusste Vorurteile werden auch als **unconscious bias** bezeichnet. Bevor bestehende Vorurteile kritisch beleuchtet werden können, geht es hier zunächst einmal darum, überhaupt aufzuzeigen, dass Vorurteile bestehen. Immer mehr Unternehmen reagieren mit **unconscious bias awareness training programs** für ihre Mitarbeiter auf die Tatsache, dass unser Denken und Handeln oft von völlig **unbewussten Annahmen** über bestimmte Personen(gruppen) geleitet ist – selbst, wenn wir davon überzeugt sind, weitestgehend vorurteilsfrei zu handeln und eigentlich „Pro Diversität" eingestellt sind.

vielfältigeren Situationen als es uns meist bewusst ist, tappen wir selbst in die Stereotypenfalle und beurteilen andere danach, ob sie unserer Vorstellung entsprechen – oder wir versuchen (unbewusst) selbst, dem Rollenbild zu entsprechen.

Das Thema Geschlecht wollen wir noch einmal bei der statusinkongruenten Führungskonstellation „Jung führt Alt" (siehe Kap. 5) aufgreifen. Im Folgenden widmen wir uns zunächst dem Phänomen der sich-selbst-erfüllenden Prophezeiung▲. Anschließend fokussieren wir wieder auf die Stereotype gegenüber jüngeren und älteren Personen im Berufsleben und beleuchten, inwieweit sich gängige Altersvorurteile (siehe Abb. 3.5) wissenschaftlich bestätigen lassen.

Stereotype – nicht per se schlecht
Auch wenn mit Stereotypen viele Risiken einhergehen und bislang nur von *negativen* Stereotypen älteren und jüngeren Mitarbeitern gegenüber die Rede war, muss an dieser Stelle noch einmal betont werden, dass **Stereotype** in unserem Denken und Handeln eine **wichtige Rolle** spielen: Sie erleichtern uns die Einschätzungen von Situationen und Menschen. Sie sind eine Art **schnelle Entscheidungshilfe**, eine Heuristik▲. Müssten wir jedes Mal die Unmengen an Informationen, die in einer Situation auf uns einströmen, sorgfältig analysieren, so wären wir (quasi) handlungsunfähig. Daher handeln wir oft nach **einfachen Denkregeln,** die wir im Laufe der Zeit entwickelt haben. Dazu zählen auch Stereotype – positive wie negative. Wir wollen hier anregen, **offen über Stereotype ins Gespräch zu kommen** sowie für sich **immer wieder aufs Neue zu reflektieren,** ob Ideen und Meinungen, die wir über Personengruppen oder ganz bestimmte Personen haben, auch tatsächlich zutreffend sind. Stereotypes Denken ist menschlich und Stereotype sind oft hilfreich. Gleichzeitig müssen wir uns diesen deutlich bewusst(er) sein, stets offen bleiben für den Gegenbeweis und erst recht keine sich-selbst-erfüllende Prophezeiung▲ etablieren.

Sich-selbst-erfüllende Prophezeiung▲
Eine sich-selbst-erfüllende Prophezeiung▲ bedeutet, dass Menschen von einer Vorhersage (Prophezeiung) überzeugt sind und sich dann so verhalten, dass diese auch eintritt. Wenn ich z. B. glaube, dass ein Meeting uninteressant sein wird, werde ich mit nur wenig Begeisterung dorthin gehen. Anstatt mich mit eigenen Ideen zu beteiligen sowie mit Kollegen aus anderen Abteilungen zu interagieren, sitze ich eher geistesabwesend im Raum und schlussfolgere am Ende: langweiliges Meeting.

Um deutlich zu machen, welches Ausmaß sich-selbst-erfüllende Prophezeiungen▲ haben können, möchten wir Ihnen an dieser Stelle Ergebnisse ausgewählter Studien präsentieren. Eine besondere Form der sich-selbst-erfüllenden

3.5 Stereotype über ältere und jüngere Mitarbeiter

Prophezeiung▲ ist der Rosenthal-Effekt.[9] Auch wenn dieses klassische Experiment kritisch diskutiert wird (Folgeuntersuchungen kommen sowohl zu Bestätigungen als auch zu Widerlegungen der Ergebnisse), macht diese Studie doch sehr anschaulich deutlich, welches Ausmaß dieses Phänomen haben kann. Rosenthal und Jacobson (1966) konnten zeigen, dass allein die **Erwartungen,** die wir haben, handlungsleitend und letzten Endes leistungsentscheidend für andere sein können. So wurde Lehrern *vor* dem Schuljahr aufgrund von zuvor durchgeführten Tests mitgeteilt, welche Schüler in der Klasse besonders talentiert und förderungswürdig seien. Am Ende des Schuljahres waren es genau diese Talente, die in IQ-Tests einen deutlicheren Zuwachs zeigten als die weniger begabten Schüler. Der Clou an der Sache: Die vermeintlich begabteren Schüler wurden von den Forschern rein zufällig als „begabt" deklariert. Das heißt, dass das Verhalten der Lehrer über das Schuljahr hinweg gegenüber den vermeintlich unterschiedlich begabten Schülergruppen ausschlaggebend für den Unterschied im Zuwachs der IQ-Punkte sein musste. Erklären lässt sich diese positive sich-selbst-erfüllende Prophezeiung▲ wie folgt: Die Lehrer erwarten von den begabteren Schülern höhere Leistungen und fördern und fordern diese dementsprechend mehr, z. B. in Form von mehr Lob, mehr Augenkontakt (Chaiken et al. 1974). Dadurch zeigten diese Schüler dann tatsächlich einen höheren Lernzuwachs als die „vermeintlich weniger begabten" Schüler, denen weniger Aufmerksamkeit zuteil wurde. Diese Befunde sind vor allem im schulischen Kontext sehr bekannt. Sie zeigen sich jedoch auch im beruflichen Kontext. Gehen Manager davon aus, es mit besonders talentierten Mitarbeitern (ebenfalls zufällig als solche deklariert!) zu tun zu haben, verhalten sie sich diesen gegenüber anders als gegenüber „normalen" Mitarbeitern. Führungskräfte helfen den „begabteren" Mitarbeitern mehr, sie geben diesen mehr Karriereratschläge und Feedback und auch Fehler werden eher als Chance zum Lernen gesehen, denn als das Fehlen von Fähigkeiten abgetan (McNatt 2000). In einer Untersuchung bei der israelischen Armee durch den Forscher Eden (1990, 2003) hatten die positiven Erwartungen von Führungskräften gegenüber vermeintlich begabteren Soldaten zur Folge, dass diese letztlich in Tests auch tatsächlich besser abschnitten als die „durchschnittlichen" Soldaten.

Der Erwartungseffekt findet sich erschreckenderweise auch in umgedrehter Variante. Die Erwartung einer Führungskraft, dass bestimmte Personen weniger Fähigkeiten haben bzw. schlechtere Leistung erbringen, kann dazu führen, dass diese

---

[9] auch Pygmalion-Effekt oder Versuchsleiter(erwartungs)effekt genannt.

Personen tatsächlich schlechtere Performance zeigen. Dieser „umgekehrte" Rosenthal-Effekt bzw. diese negative sich-selbst-erfüllende Prophezeiung▲ wird auch **Golem-Effekt** genannt (Babad et al. 1982).
Wir haben es hier also mit einem **sehr wirksamen Faktor** zu tun: **unseren eigenen Erwartungen.** Absolut unterstützenswert finden wir daher die Haltung, die der Psychologe und Managementprofessor Grant (2013) in seinem Buch *Give and Take* vermittelt: Gehen Sie davon aus, dass **alle Menschen fähig und talentiert sind** – ermöglichen Sie somit allen, ihr Bestes zu zeigen.

Negative Stereotype gegenüber Älteren lassen sich durch wissenschaftliche Untersuchungen nicht stützen
Stereotype über junge und alte Menschen haben wir alle im Kopf, ein paar ausgewählte haben wir Ihnen zuvor in Abb. 3.5 dargestellt. Lassen Sie uns nun schauen: Was ist „dran" an diesen Vorurteilen? Die Ergebnisse **zweier Metaanalysen** von Ng und Feldman (2008, 2013b) sind so beeindruckend, dass wir Ihnen die Zahlen in Abb. 3.6 zusammengestellt haben. Die wichtigste Botschaft ist: **Negative Stereotype, die die Leistung älterer Personen betreffen, sind wissenschaftlich nicht haltbar.** Und auch auf andere Merkmale gibt es keine negativen Effekte des Alters (vgl. Abb. 3.6).

Neben klassischen **Leistungsvariablen** – wie der aufgabenbezogenen Leistung, der Kreativitätsleistung und der Leistung in Trainingsprogrammen – untersuchten Ng und Feldman (2008, aufbauende Studien in 2010, 2012, 2013a, b) in einer umfangreichen Metaanalyse mit über 380 Einzelstudien und 438 unabhängigen Stichproben auch weitere Merkmale wie die **Unkompliziertheit** und **Hilfsbereitschaft** bei der Arbeit, das **Sicherheitsverhalten, kontraproduktives Arbeitsverhalten,** Aggression am Arbeitsplatz, Drogenmissbrauch am Arbeitsplatz, Unpünktlichkeit, **Abwesenheit** generell und krankheitsbedingte Abwesenheit im Speziellen. Für diese Merkmale lagen unterschiedliche Urteilsquellen vor – vom Vorgesetztenurteil und anderweitigem Fremdurteil über eine Selbsteinschätzung bis hin zu objektiven Leistungsmaßen (z. B. Leistungstests, Unfälle, Abwesenheiten).

Wie Sie der Abb. 3.6 entnehmen können, **besteht bei keinem der oben benannten Faktoren ein nennenswerter, negativer Zusammenhang zum Alter einer Person.** Das bedeutet: Im Generellen hat das Alter keinen Effekt auf die berufliche Leistung.

Das weit verbreitete Stereotyp, dass die berufliche Leistung mit zunehmendem Alter sinkt, ist damit so *nicht* haltbar (Ng und Feldman 2008, 2010, 2012, 2013b; Schmidt und Hunter 1998).

Sowohl die Stereotype hinsichtlich dieser untersuchten Faktoren als auch das zuvor benannte Defizitmodell des Alterns sind somit eindeutig widerlegt!

Metaanalysen zum Zusammenhang von Alter und Leistung

		Vorgesetztenurteil (r)	Selbsturteil (r)	Fremdurteil (r)	objektive Leistungsmaße (r)
Zusammenhänge zwischen Alter und Leistung	aufgabenbezogene Leistung	.06/.02 🚫	.08/.06 🚫	-.02 🚫	-.04/.03 🚫
	Kreativitätsleistung	.05/.01 🚫	.02/.01 🚫		
	Leistung in Trainingsprogrammen			-.04 🚫	
	innovationsbezogenes Verhalten	.35 🚫	.25 🚫		
Zusammenhänge zwischen Alter und weiteren Merkmalen	Arbeitsengagement über eigentliche Aufgabe hinaus		.08 🚫	.06 🚫	
	Aggression am Arbeitsplatz			-.08 🚫	
	Drogenmissbrauch am Arbeitsplatz			-.07 🚫	
	Unpünktlichkeit	-.26 🚫			-.26 🚫
	kontraproduktives Arbeitsverhalten		-.12 🚫	-.09 🚫	
	Sicherheitsverhalten	.10* ⭕	.01 🚫		
	Unkompliziertheit und Hilfsbereitschaft		.08 🚫	.06 🚫	
	Unfälle und Verletzungen	-.08* ⭕	.02 🚫		-.04 🚫
	Abwesenheit/krankheitsbedingte Abwesenheit	.02* ⭕	.02 🚫		-.19/-.26 🚫

verbundene Spalten = Urteilsquelle in diesem Fall nicht bekannt.

r = gibt den Korrelationskoeffizienten an, um auszudrücken, ob und wie stark zwei Faktoren (hier Alter und Leistung sowie andere arbeitsrelevante Faktoren) miteinander zusammenhängen. Dieser kann Werte zwischen -1 und 1 annehmen. 0 bedeutet dabei kein Zusammenhang, -1 ist der größtmögliche negative Zusammenhang, 1 ist der größtmögliche positive Zusammenhang.

Die Symbole beschreiben den Korrelationskoeffizienten nochmals bildlich:

🚫 Alter steht in keinem statistisch bedeutsamen Zusammenhang mit leistungsbezogenen und anderen Faktoren

⭕ Zusammenhang ist statistisch relevant („signifikant"), aber dennoch klein und deswegen nicht bedeutsam

(vgl. Ng & Feldman, 2008, 2013a, 2013b)

www.ryschka.de

Abb. 3.6 Metaanalysen zum Zusammenhang von Alter und Leistung. Mit freundlicher Genehmigung von ©Organisationsentwicklung Ryschka, www.ryschka.de 2019. All Rights Reserved. Download möglich

Vielmehr kann die körperliche und intellektuelle Leistungsfähigkeit in jedem Alter positiv beeinflusst (und sogar erhöht!) werden – z. B. durch entsprechende Arbeitsplatzgestaltung und -organisation, Weiterbildungsmaßnahmen, Trainings und Maßnahmen zur Gesundheitsförderung (vgl. Rüdiger 2009; siehe auch Abschn. 3.4).

Zum Teil findet sich in wissenschaftlichen Studien sogar genau das Gegenteil von dem, was wir aufgrund eines Stereotyps erwarten würden. Kunze et al. (2013b) konnten bspw. zeigen, dass es einen **negativen Zusammenhang zwischen Alter und dem Widerstand gegenüber Veränderungen** gibt. Ältere Beschäftige zeigten in der untersuchten Stichprobe eine **leicht höhere Offenheit gegenüber Veränderungen** als ihre jüngeren Kollegen – anders als sich aufgrund des verbreiteten Stereotyps, dass Ältere nicht veränderungsbereit seien, vermuten ließe.

Binnewies et al. (2008) konnten in ihrer Studie mit 117 Krankenpflegern mit dem Vorurteil aufräumen, dass Ältere generell weniger kreativ seien als Jüngere – und auch hier zeigte sich, dass sich die **Kreativität älterer Beschäftigter** (i. S. v. Ideengenerierung bzgl. des Arbeitsplatzes) durch die Vergrößerung des Handlungsspielraums und die Unterstützung für Kreativität[10] durch Vorgesetzte und Kollegen **durchaus steigern ließ**. Und auch die zuvor besprochenen Metaanalysen aus Abb. 3.6 zeigen eine schwache **positive Korrelation zwischen innovationsbezogenem Verhalten und dem Alter** einer Person.

Ein Hinweis ist an dieser Stelle allerdings wichtig: In allen Studien, die ältere und jüngere Mitarbeiter im Berufskontext betrachten, werden natürlich genau *die* Älteren erfasst, die fit und zufrieden genug sind, um auch im höheren Alter ihren Beruf auszuüben: Das ist der sog. **„Healthy Worker"-Effekt▲**. Somit wird der Umstand kaschiert, dass es natürlich durchaus Menschen gibt, die aus Altersgründen bereits aus dem Berufsleben ausgeschieden sind. In den Stichproben werden nur diejenigen untersucht, die weiterhin im Berufsleben sind (Stichworte: **Stichprobeneffekt▲** oder **Stichprobenfehler▲**). Daher ist immer Vorsicht dabei geboten, Studienergebnisse – gerade über ältere Beschäftigte – auf alle Menschen zu generalisieren (v. a. auch, weil die Unterschiede zwischen Menschen mit zunehmendem Alter noch einmal größer werden, s. o.).

Gehen Sie als Führungskraft daher zunächst einmal vom Bestmöglichen aus, lassen Sie sich nicht von Stereotypen leiten. **Schauen Sie individuell, was Ihre Mitarbeiter tatsächlich im Einzelnen leisten können.** Falls wirklich Einschränkungen bestehen, können diese oftmals durch andere Kompetenzen wieder wettgemacht

---

[10] Mit **Unterstützung für Kreativität** ist u. a. das Ausmaß gemeint, in dem Vorgesetzte/ Kollegen neue Ideen unterstützen, nützliches Feedback geben, neue Ideen einbringen und diskutieren.

3.5 Stereotype über ältere und jüngere Mitarbeiter

werden: Wie in Abschn. 3.3 beschrieben kann z. B. die **fluide Intelligenz**▲ (Informationsverarbeitung) eines Menschen im Alter beeinträchtigt sein; aber ein solcher Abfall wird zum Großteil durch die **kristalline Intelligenz**▲ (Wissen und Erfahrung) kompensiert. Bewältigungsstrategien für das Altern finden Sie in Abschn. 3.8.

Handlungsempfehlungen

- **Räumen Sie mit Stereotypen auf** – angefangen bei sich und dann auch bei anderen! Ältere Personen sind nicht per se weniger leistungsfähig als jüngere (und umgekehrt)!
- **Vertrauen Sie auf die Fähigkeiten und Kompetenzen Ihrer Mitarbeiter** – unabhängig von deren Alter!
- **Bestärken Sie Ihre Mitarbeiter und übertragen Sie ihnen neue und abwechslungsreiche Aufgaben** – unabhängig von deren Alter!
- **Sprechen Sie Ihr Zutrauen aus, fördern Sie die Selbstwirksamkeit**▲: Wenn Sie bemerken, dass ältere Mitarbeiter zögern, neue Herausforderungen anzunehmen, kommen Sie darüber mit ihnen ins Gespräch. Machen Sie deutlich, dass Sie ihnen neue Aufgaben zutrauen und sie gerne beim Kompetenzerwerb unterstützen.

Lassen Sie ältere Mitarbeiter deren Alter auch nicht als „Ausrede" nutzen, um sich vor Veränderungen oder Neuerungen zu schützen. Veränderungen können für Menschen eine Bedrohung darstellen – das ist menschlich. Dennoch können natürlich auch ältere Personen Neues lernen oder sich in neue Prozesse einfinden. **Entscheidend ist, wie alt sie sich selbst fühlen** (siehe Abschn. 3.6) und welche Vorurteile sie gegenüber dem Älterwerden mit sich herumtragen – denn diese wenden wir Menschen natürlich auch auf uns selbst an. Wie Sie mit möglichen „Barrieren" umgehen können, die Ihre Mitarbeiter bzgl. der eigenen Leistungsfähigkeit haben, erfahren Sie in Abschn. 6.1.3.

Schöne Impulse zu dem Thema finden sich bei Langer in ihrem Buch *Counterclockwise* (2009): Die Psychologin spricht von der **„psychology of possibility"** – der Psychologie der Möglichkeit. Sie ermutigt dazu, **eigene und gesellschaftliche Vorstellungen immer wieder kritisch auf den Prüfstand zu stellen** und vielmehr für sich selbst **kontinuierlich und (ggf. auch täglich) achtsam zu prüfen, was momentan (noch oder auch wieder) möglich ist.** Behalten Sie immer im Hinterkopf, dass sich die derzeitigen Möglichkeiten verändern, d. h. auch verbessern (!), können.

Berufs- und Lebenserfahrung haben einen positiven Effekt auf sozio-emotionale Kompetenzen

In Ergänzung zu den zuvor ausgeräumten negativen Stereotypen bzgl. der Leistungsfähigkeit älterer Menschen gibt es neben dem größeren fachlichen Überblick und dem ausgeprägteren Erfahrungswissen (siehe Verlauf des Erfahrungswissens in Abb. 3.3) einen weiteren Bereich, in dem Ältere Jüngeren durch ihre Berufs- und Lebenserfahrung voraus sind. Schauen Sie noch einmal auf die negativen Stereotype gegenüber jüngeren Mitarbeitern. Was jüngeren Personen oft zugeschrieben wird, sind mangelnde **Fähigkeiten und Erfahrungen im Umgang mit anderen, im Umgang mit sich selbst und in schwierigen Situationen**. In diesen Aspekten können ältere Mitarbeiter durch ihre Erfahrung punkten.

Ältere Menschen verfügen über eine **ausgeprägtere emotionale Intelligenz**▲ (Kafetsios 2004) und sind somit **im Verstehen von und im Umgang mit Emotionen** jüngeren Kollegen überlegen. Zudem haben ältere **bessere Emotionsregulationsfähigkeiten** und ein stabileres Emotionsregulationssystem als jüngere Erwachsene (Carstensen und Charles 1998; Lawton et al. 1992). Ältere Menschen erleben **seltener und weniger schnelle Stimmungsschwankungen** als jüngere (Larson et al. 1980; Röcke 2006). Im Berufsalltag können ältere Beschäftigte somit oftmals **besser auf emotionale Anforderungen** (z. B. schwierige Kunden) **reagieren** als jüngere Kollegen (Grube und Hertel 2008).

Auch bei diesen Studienergebnissen sollten Sie beachten, dass die individuellen Unterschiede zwischen Menschen im Alter eher größer werden. Es spielt auch hier eine große Rolle, mit welcher Ausprägung dieser Kompetenzen jemand in jungen Jahren ins Berufsleben startet. Im Alter können nicht per se alle emotionalen Situationen von Ihren Mitarbeitern gut bewältigt werden und es liegt auch eine Gefahr darin, vor allem ältere Mitarbeiter dauerhaft hoch stressigen Situationen am Arbeitsplatz auszusetzen (siehe auch Abschn. 3.4 zum Erleben und Umgang mit Stress).

Wir wollen dennoch betonen, dass in der **Lebens- und Berufserfahrung älterer Beschäftigter** nicht nur in punkto Fach- und Methodenwissen bzw. berufsbezogenes Wissen (Stichwort **kristalline Intelligenz**▲) ein großes Potenzial liegt, sondern auch im **Umgang mit sozio-emotional herausfordernden Situationen.** Bestenfalls können von diesen Erfahrungen nicht nur die älteren Mitarbeiter selbst, sondern ebenfalls jüngere Kollegen – und auch Sie als Führungskraft! – profitieren.

> **Handlungsempfehlungen**
>
> - Ermöglichen Sie den **Austausch zwischen jüngeren und älteren Mitarbeitern** auch zu Themen, die nicht direkt mit der Arbeitsaufgabe in Verbindung stehen. Jüngere können von älteren Kollegen einiges lernen in punkto **emotionaler und Selbstregulationskompetenz:** Gespür für Dienstleistung und Service, geschickter Umgang in Verhandlungen mit Kunden, Gelassenheit, angemessene Hartnäckigkeit, Umgang mit Belastungen und Stress etc.
> - **Erleichtern Sie jüngeren Mitarbeitern** wiederum, ein adäquates Verhalten zu entwickeln, indem Sie **Erwartungen** an diese nicht nur auf fachlicher Ebene, sondern auch **auf Verhaltensebene** formulieren. Beschreiben Sie Verhaltenserwartungen sehr konkret und weisen Sie auf vorbildliches Verhalten hin. So können Berufseinsteiger schnell lernen, worauf es Ihnen im Umgang mit anderen und sich selbst ankommt – z. B. höflicher und zuvorkommender Umgang mit Kunden auch in schwierigen Situationen.

3.6 Subjektives Alter

Zusammenfassung 3.6

Das subjektive Alter einer Person – d. h. **wie alt sich eine Person fühlt** – hat einen **größeren Effekt auf Gesundheit und Leistung** als das tatsächliche (chronologische) Alter. Dies wirkt sich auch auf die Gesamtleistung von Unternehmen aus (siehe Abb. 3.7). Dieser positive Zusammenhang besteht allerdings nur in einem dynamischen Unternehmensumfeld (= häufige Veränderungen). Im Gegensatz zu unserem tatsächlichen, chronologischen Alter kann das subjektive Alter beeinflusst werden – durch die Organisationen, Führungskräfte und das Individuum selbst.

Subjektives Alter vs. chronologisches Alter

In Abgrenzung zum tatsächlichen, chronologischen Alter wird mit dem **subjektiven Alter** das **„gefühlte" Alter** bezeichnet. In Studien wird dieses mit folgender Frage erfasst: *„Wie alt fühle ich mich wirklich?"* Von dem genannten Wert wird das tatsächliche chronologische Alter abgezogen. Ein negativer Wert bedeutet also, dass sich eine Person jünger fühlt als sie eigentlich ist – sie hat dann ein niedriges subjektives Alter. Subjektives und chronologisches Alter können unter Umständen stark voneinander abweichen.

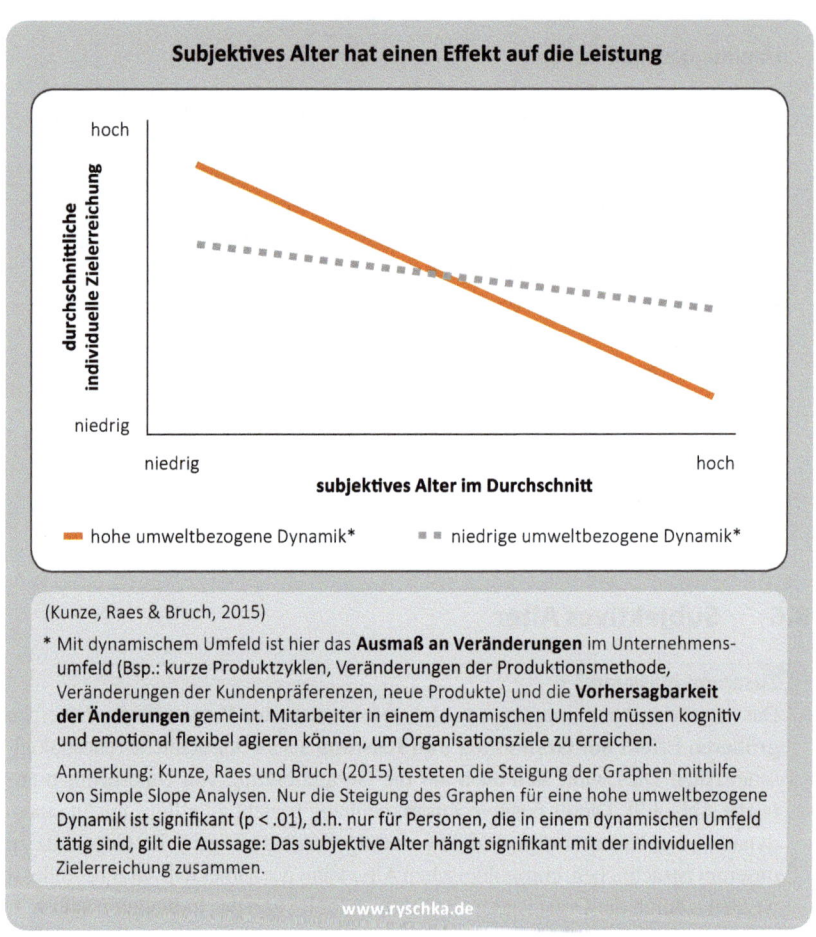

Abb. 3.7 Subjektives Alter hat einen Effekt auf die Leistung. Mit freundlicher Genehmigung von ©Organisationsentwicklung Ryschka, www.ryschka.de 2019. All Rights Reserved

Das subjektive Alter hat einen **Effekt auf Gesundheit und Leistung** einer Person (Montepare 2009; Stephan et al. 2012) und kann sich so auch auf die Organisation auswirken. Organisationen mit einem durchschnittlich **niedrigen subjektiven Alter** (d. h. die Mitarbeiter fühlen sich durchschnittlich jünger als sie tatsächlich sind) zeigen eine **höhere Performance** (finanzielle Performance, Mitarbeiterproduktivität, Effizienz der Geschäftsvorgänge, Mitarbeiterbindung) als Organisationen mit einem hohen subjektiven Alter. Dieser Effekt entsteht durch

3.6 Subjektives Alter

eine **höhere individuelle Performance der Mitarbeiter,** da subjektives Alter mit der individuellen Zielerreichung zusammenhängt (je geringer das subjektive Alter, umso höher die Zielerreichung einer Person). Der Zusammenhang „niedriges subjektives Alter der Mitarbeiter = höhere Unternehmensperformance" zeigt sich jedoch nur in einem **dynamischen Umfeld,** also in Organisationen mit häufigen Veränderungen[11]. In einem statischen Umfeld hat das subjektive Alter keinen signifikanten Einfluss auf die individuelle Zielerreichung und die Unternehmensperformance (Kunze et al. 2015) (Abb. 3.7).

Es ist daher anzunehmen, dass vielmehr das subjektive Alter (welches beeinflusst werden kann) und nicht das chronologische Alter einen Effekt auf die Performance hat (Kunze et al. 2015). Weitere Befunde bzgl. **Absentismus** stützen zusätzlich die Bedeutung des subjektiven Alters: Ist das subjektive Alter hoch, steigen die Fehlzeiten mit zunehmendem chronologischen Alter an, während bei **subjektiv geringem Alter die Fehlzeiten nicht signifikant mit dem Alter zunehmen** (Kunze und Raes 2015).

Beeinflussbarkeit des subjektiven Alters
Kunze et al. (2015) fanden heraus, dass die **erlebte Bedeutsamkeit/Sinnhaftigkeit der Arbeit** einen förderlichen Effekt auf das wahrgenommene subjektive Alter in Organisationen hat – sofern die **Firmen „altersinklusive" Maßnahmen** verfolgten (z. B. dass es gelebte Praxis ist, dass Fortbildungen und Trainings sowie Chancen im Unternehmen, befördert zu werden, altersunabhängig sind).

Aber auch auf **subtilere und kurzfristigere Weise** kann das **subjektive Altersgefühl beeinflusst** werden: Das so genannte **Priming**▲ – eine mentale Voraktivierung von Konzepten durch einen vorherigen Reiz (hier: Aktivierung des Konzept „Altern" mit altersspezifischen Wörtern) – führt z. B. zur negativen Beeinflussung des Altersgefühls (Bargh et al. 1996). In einem Experiment sollten die Teilnehmer Sätze aus vorgegebenen Wörtern bilden, wobei die Experimentalgruppe Wörter erhielt, die eher mit dem negativen Bild des Alterns verbunden waren wie z. B. „grau" oder „vergesslich". Das Konzept des Alterns wurde so leichter zugänglich und aktivierte gleichzeitig auch andere Vorurteile wie „langsameres Gehen". Im Anschluss an die Aufgabe stellte sich heraus, dass diese Teilnehmer länger für das Zurücklegen der Strecke vom Versuchsraum zum Fahrstuhl brauchten als die Teilnehmer, die

---

[11] Mit dynamischem Umfeld ist hier das **Ausmaß an Veränderungen** im Unternehmensumfeld (z. B. kurze Produktzyklen, Veränderungen der Produktionsmethode, Veränderungen der Kundenpräferenzen, neue Produkte) und die **Vorhersagbarkeit der Änderungen** gemeint. Mitarbeiter in einem dynamischen Umfeld müssen kognitiv▲ und emotional flexibel agieren können, um Organisationsziele zu erreichen.

neutrale Wörter bearbeiteten. Positive Beispiele finden sich im Buch *Counterclockwise* der bereits benannten US-amerikanischen Psychologin Langer (2009). Im Buch wird u. a. eine Studie beschrieben, bei der eine Gruppe von über 65-Jährigen eine Woche lang so leben sollte wie vor 20 Jahren (Bsp.: Gespräche nur über Ereignisse führen, die vor 20 Jahren stattgefunden haben, Zeitungen, Filme und Musik aus dieser Zeit konsumieren). Erstaunlicherweise verbesserten diese Personen ihre physische und kognitive▲ Leistung signifikant im Vergleich zu einer Kontrollgruppe. Sie schnitten in Intelligenztests besser ab, hatten eine erhöhte Flexibilität der Gelenke und wurden auf Fotos von anderen jünger eingeschätzt (Langer 1981).

Unser **subjektives Alter** ist also nicht nur reine „Gefühlssache", sondern durchaus **durch soziale (Umgebungs-)Faktoren** wie z. B. Stereotype und Priming▲ sowie durch unsere **eigene Haltung und unser eigenes Denken und Handeln beeinflussbar.**

Wie steht es um Ihr subjektives Alter? Haben Sie Lust auf eine kurze Zeitreise?

Handlungsempfehlungen

- Denken Sie jetzt einmal für einen Moment an die Zeit zurück, in der Sie Anfang/Mitte 20 waren (natürlich vorausgesetzt, dass Sie ein entsprechendes Alter haben):
  - Was haben Sie zu der Zeit gemacht – beruflich und privat?
  - Was haben Sie gelesen? Welche Musik haben Sie gehört?
  - Wie haben Sie sich körperlich gefühlt?
  - Was war Ihnen wichtig? Mit welchen Themen haben Sie sich beschäftigt?
  - Was waren Ihre Hobbies und Leidenschaften, was Ihre sportlichen Aktivitäten?
- Gehen Sie im Rahmen Ihrer Möglichkeiten diesen Aktivitäten wieder nach (sofern Sie dies inzwischen nicht mehr tun)! Prüfen Sie, was für Sie in diesem Moment passt und lassen Sie sich nicht von Meinungen und Vorstellungen anderer „ausbremsen" – und bremsen Sie sich auch nicht selbst aus (i. S. v.: „*Ich bin schon zu alt für das Klavierlernen*").
- Schreiben Sie sich Ihre Antworten auf die o. g. Fragen auf und schauen Sie sich diese immer wieder an. Nutzen Sie z. B. ein Post-It auf Ihrem Badezimmerspiegel. Was hilft Ihnen, in das Lebensgefühl und die Stimmung von damals zu kommen (z. B. bestimmte Musik zum Frühstück, im Auto, in der Bahn)?

- Überlegen Sie, wie Sie Ihre eigenen Erkenntnisse in Ihrer Führungsarbeit nutzen können. Was können Sie tun, um Ihren älteren Mitarbeitern ein „jüngeres" Lebensgefühl zu ermöglichen?
- Gestalten Sie das subjektive Alter Ihrer Mitarbeiter bewusst mit, indem Sie **sich-selbst-erfüllende Prophezeiungen**▲ im Positiven nutzen! **Ermutigen Sie Ihre Mitarbeiter** – allen Alters – **zu guten Leistungen!** Sprechen Sie „jüngere" Attribute an, verstärken Sie „jüngeres" Auftreten i. S. v.:

„Von Ihrem Engagement kann man sich wirklich eine Scheibe abschneiden."
„Toll, mit welcher Energie Sie das wieder gemacht haben."
„Ich schätze Ihr dynamisches Auftreten."
„Ihre frischen und modernen Ideen können wir wirklich gut gebrauchen."

▶ *Ist „Alter(n)" als Thema bei Ihren Mitarbeitern präsent? Woran machen Sie das fest?*
▶ *Was glauben Sie, wie Ihre Mitarbeiter ihr eigenes subjektives Alter einschätzen?*

3.7 Subjektive Arbeitsfähigkeit

Zusammenfassung 3.7
Die **subjektiv empfundene Arbeitsfähigkeit** (gemessen mit dem **WAI**▲ = Work Ability Index)

- ist bei **jüngeren Mitarbeitern gleichmäßig hoch** (d. h. generell hoher Mittelwert mit geringer Standardabweichung),
- lässt mit **zunehmendem Alter** im Durchschnitt **nach,** während zugleich festgehalten werden muss,
- dass die **Unterschiede im Alter größer** werden (d. h. größere Streuung) (Falkenstein und Gajewski 2014; Ilmarinen 1999; zur Veranschaulichung siehe auch Abb. 3.8).

Auf die subjektive Arbeitsfähigkeit können Sie als Führungskraft **Einfluss nehmen.**

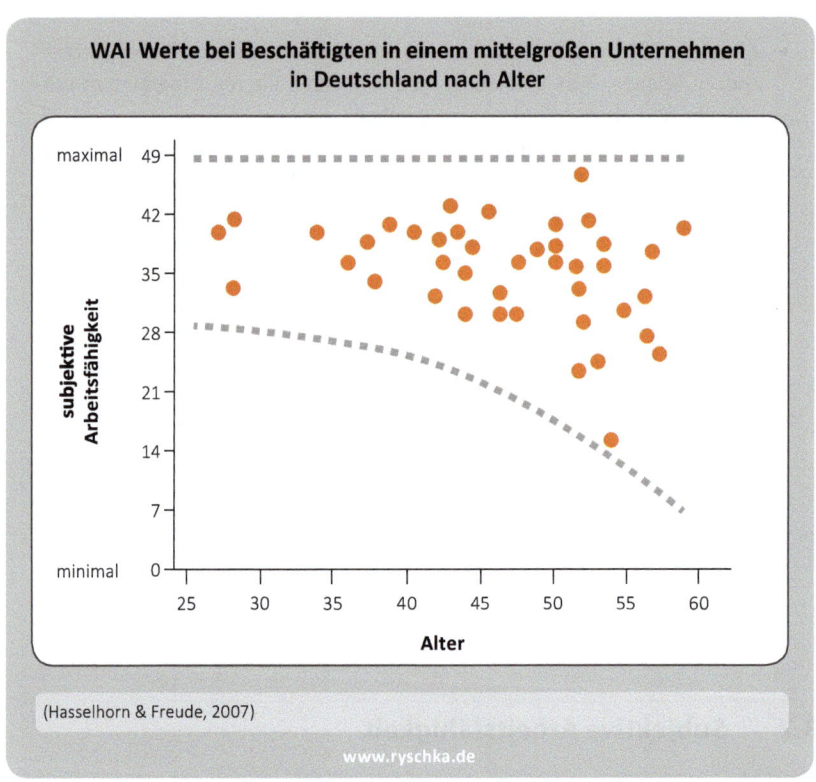

Abb. 3.8 WAI-Werte bei Beschäftigten in einem mittelgroßen Unternehmen in Deutschland nach Alter. Mit freundlicher Genehmigung von ©Organisationsentwicklung Ryschka, www.ryschka.de 2019. All Rights Reserved

Subjektive Arbeitsfähigkeit – wie fit und leistungsfähig schätzen Personen sich selbst ein?
Bei dem Konzept der **subjektiven Arbeitsfähigkeit** steht die **selbsteingeschätzte** Fähigkeit, eine gegebene Arbeit zu einem bestimmten Zeitpunkt bewältigen zu können, im Vordergrund (Ilmarinen und Tuomi 2004). Ziel der Anwendung des WAI▲ ist in der Regel die Förderung und Aufrechterhaltung der Arbeitsfähigkeit. Hier gibt es generell weniger Aussagen zu Jüngeren, weil bei dem Konzept „subjektive Arbeitsfähigkeit" eher ältere Menschen betrachtet werden, um einzuschätzen, wie lange und gut diese ihren derzeitigen Beruf (noch) ausüben können.

3.7 Subjektive Arbeitsfähigkeit

Das Ausmaß der subjektiven Arbeitsfähigkeit wird häufig mit dem **Work Ability Index (WAI▲**[12]**)** durch den Arbeitenden selbst, ggf. mit Hilfe einer weiteren Person wie dem Betriebsarzt, anhand verschiedener Faktoren erfasst. Diese sind z. B.:

- die **zum jetzigen Zeitpunkt eingeschätzte Arbeitsfähigkeit** im Vergleich zu der besten, je erreichten Arbeitsfähigkeit
- die derzeitige Arbeitsfähigkeit in Bezug auf die **physischen und psychischen Arbeitsanforderungen**
- die Anzahl der aktuell ärztlich **diagnostizierten Krankheiten** (z. B. Unfallverletzungen, Erkrankungen des Muskel-Skelett-Systems, Herz-Kreislauf-Erkrankungen, psychische Beeinträchtigungen, angeborene Erkrankungen)
- die geschätzten Beeinträchtigungen der Arbeitsleistung durch die diagnostizierten Krankheiten
- die Anzahl der **Krankheitstage** innerhalb der letzten zwölf Monate
- die **Einschätzung der eigenen Arbeitsfähigkeit** für die kommenden zwei Jahre
- das Vorhandensein **psychischer Leistungsreserven** (Erleben von Freude, Aktivität, Zuversicht)

Durch die Betrachtung der verschiedenen Faktoren wird ein umfassendes Bild gewonnen, wie die derzeitige Arbeitsfähigkeit einer Person einzuordnen ist. Die subjektive Arbeitsfähigkeit wiederum hat einen Einfluss auf das **Wohlbefinden einer Person**, die **Produktivität** einer Organisation und auch auf andere Arbeits- und Lebensbereiche.

Studien belegen einen Zusammenhang zwischen **schlechten bzw. moderaten WAI▲-Werten** und einem **verfrühten Renteneintritt**, einer **geringeren gesundheitsbezogenen Lebensqualität**, einer **häufigeren Inanspruchnahme primärer Gesundheitsdienstleistungen** nach einem Jahr sowie einer **erhöhten Mortalität** (Bethge et al. 2012; Tuomi et al. 1997). Personen mit schlechten subjektiven Arbeitsfähigkeitswerten hatten zudem nach einem Jahr eine 4,6-fach erhöhte Wahrscheinlichkeit für Arbeitslosigkeit und eine 12,2-fach erhöhte

---

[12] Subjektive Arbeitsfähigkeit (engl.: work ability) lässt sich mit dem in Finnland entwickelten, weit verbreiteten Work Ability Index (kurz: **WAI▲**) wissenschaftlich erfassen (Ilmarinen 2007). Es liegt eine Kurz- und eine Langversion vor, die sich dahingehend unterscheiden, dass in der Langversion mehr potenzielle Krankheiten abgefragt werden. Hierzulande wird der Index vor allem von Betriebsärzten und im Rahmen betrieblicher Gesundheitsförderung verwendet (Hasselhorn und Freude 2007).

Wahrscheinlichkeit längerer Arbeitsunfähigkeit im Vergleich zur Referenzgruppe mit guter bzw. sehr guter Arbeitsfähigkeit (Bethge et al. 2012). Mit einer fundierten WAI▲-Einschätzung kann **zukünftige Berufs- oder Erwerbsfähigkeit sehr gut vorhergesagt** werden. Über elf Jahre lang wurden Mitarbeiter zu ihren WAI▲-Werten und weiteren Faktoren befragt: Von den Mitarbeitern im Alter von 45–47 Jahren, die ihre Arbeitsfähigkeit als schlecht einstuften, erhielten 60 % eine Berufs- oder Erwerbsunfähigkeitsrente vor Ablauf der elf Jahre. Umgekehrt waren es nur 10 % bei denjenigen, die ihre Arbeitsfähigkeit als sehr gut bewertet hatten (Tuomi et al. 1997).

Subjektive Arbeitsfähigkeit und WAI▲: der Mehrwert des Konzeptes
Der WAI▲ lässt sich also als ein „**Frühwarnsystem**" nutzen – er kann das Risiko für einen frühzeitigen Ausstieg von Mitarbeitern aus dem Berufsleben anzeigen (BAUA 2013). Zudem macht er auf sachliche, „unaufgeregte" und strukturierte Art und Weise das sensible Thema „Arbeitsfähigkeit" **besprechbar**. Mitarbeiter (und natürlich auch Sie als Führungskraft) können für sich prüfen, wie fit Sie sich (noch) fühlen. Sie als Führungskraft können **frühzeitig(er) intervenieren,** wenn Mitarbeiter befürchten, ihren Arbeitsanforderungen in Zukunft nicht mehr gerecht werden zu können. Da es um das Zusammenspiel von Mitarbeiter und Arbeitsbedingungen/Arbeitsaufgabe geht, kann dementsprechend auf beiden Seiten angesetzt werden, um die Arbeitsfähigkeit langfristig zu erhalten oder sogar zu fördern.

Erhaltung und sogar Steigerung der Arbeitsfähigkeit ist möglich
Zahlreiche Untersuchungen im Rahmen des WAI▲-Einsatzes belegen, dass die **Arbeitsfähigkeit im Alter** erhalten – und sogar **gesteigert** – werden kann (Ahonen et al. 2002; Hasselhorn und Freude 2007). Zwar sinkt der WAI▲-Wert im Durchschnitt im Laufe des Berufslebens ab, es gibt jedoch deutliche **interindividuelle Unterschiede.** Diese Unterschiede werden umso größer, je fortgeschrittener das Alter ist (Abb. 3.8).

Die Arbeitsfähigkeit einer Person kann auf **verschiedenen Ebenen** positiv beeinflusst werden: 1.) individuelle Gesundheit, 2.) Kompetenzen des Mitarbeiters, 3.) Arbeit und Aufgaben, 4.) Führung. Und dies gilt natürlich für alle Lebensphasen eines Menschen, unabhängig vom Alter einer Person.

Eine interessante Aussage findet sich bei Richenhagen (2007), in Anlehnung an Tuomi und Ilmarinen (1999): Wird neben individuellen Gesundheitsmaßnahmen zur Steigerung der Arbeitsfähigkeit auf Seiten des Mitarbeiters das Augenmerk

3.7 Subjektive Arbeitsfähigkeit

zusätzlich auf **verbesserte Führung**[13] in einer Organisation gelegt, zeigt sich ab ca. 50 Jahren **ein deutlicher Anstieg der subjektiven Arbeitsfähigkeit.** Bei rein individuellen Gesundheitsmaßnahmen, um die Arbeitsfähigkeit auf Mitarbeiterseite zu steigern, oder gar keinen Maßnahmen zeigt sich hingegen ein deutlicher Abfall der Arbeitsfähigkeitswerte ab ca. 50 Jahren. Das heißt, dass ein **Zusammenspiel von Maßnahmen auf Personenseite** (siehe in nachfolgender Aufzählung der Einflussmöglichkeiten Ebene 1 und 2) **und Maßnahmen auf Organisations- und Führungsseite** (siehe Ebene 3 und 4) zwingend notwendig ist.

Ein weiteres Konzept, das in diesem Zusammenhang diskutiert wird, ist das „human-made-aging" oder auch „arbeitsinduziertes Vor-Altern" (Hacker 1996). Laut diesem Konzept hat die Arbeitsgestaltung einen großen Einfluss auf den Alterungsprozess und ist insbesondere bei älteren Mitarbeitern von zentraler Bedeutung für die Leistungsfähigkeit. Wie auch das subjektive Alter *(= „Wie alt fühle ich mich?")* und die subjektive Arbeitsfähigkeit *(= „Für wie fit und arbeitsfähig halte ich mich?")* legt das arbeitsinduzierte Alter die Abgrenzung zum biologisch-kalendarischen Alter nahe: Das chronologische Alter ist nicht der beste Indikator für die Arbeitsfähigkeit von Personen. Das Konzept des arbeitsinduzierten Alterns betont noch einmal stärker die **Bedeutung der motivations- und gesundheitsförderlichen Arbeitsgestaltung,** um vorzeitigen Alterungsprozessen proaktiv entgegenzuwirken (Verhältnisprävention, siehe Abschn. 3.4). Wichtig für die positive Beeinflussung des arbeitsinduzierten Alterns ist vor allem das **Lernen „on-the-job",** z. B. von einem Kollegen an einer Maschine angelernt zu werden oder in Abwesenheit der Führungskraft das wöchentliche Teammeeting zu moderieren. Generell geht es darum, sogenannte **„vollständige Tätigkeiten"** zu gewährleisten, bei denen sich der Mitarbeiter an Zielsetzung, Planung und Umsetzung beteiligen kann und einen gewissen Grad an Handlungsspielraum hat (Hacker und Sachse 2014). Gesundheitsbeeinträchtigende Arbeitsinhalte und -bedingungen sollten vermieden werden, da Mitarbeiter sonst verstärkt „voraltern" können. Diese können sowohl physischer (z. B. toxische Gase, schlechte Lichtverhältnisse) als auch psychischer Art (z. B. Stress, Zeitdruck, Monotonie) sein (vgl. Abschn. 3.4▲).

---

[13] Verbesserte Führung hier im folgenden Sinne: Die Führungskraft leistet Unterstützung, spricht Ermutigung und Lob aus, wirkt inspirierend, ist für Belange der Mitarbeiter offen, kümmert sich um deren Arbeitsumgebung, zeigt Vertrauen in die Mitarbeiter, spornt sie an, sich weiterzubilden und kennt deren Arbeitsaufgabe gut (Pohjonen und Pukari 1999, nach Ilmarinen 2005).

Auch hier wird deutlich, dass Sie als **Führungskraft einen wichtigen Einflussfaktor** für die Erhaltung der Arbeitsfähigkeit Ihrer Mitarbeiter darstellen.

Auf welchen Ebenen gibt es welche Einflussmöglichkeiten?

1. *Individuelle Gesundheit der Mitarbeiter stärken, damit diese den Arbeitsbelastungen gewachsen sind:*
   Stärken Sie die Gesundheit (psychisch und physisch) Ihrer Mitarbeiter. Ermöglichen Sie die Teilnahme an Stresspräventions- und Entspannungsseminaren, um Ressourcen in der Stressbewältigung aufzubauen. Sorgen Sie für **Erholungsphasen im Arbeitsalltag**, z. B. durch Pausengestaltung, kleine Fitnessangebote, und dafür, dass Ihre Mitarbeiter ausreichend Erholung von der Arbeit **in der Freizeit** erfahren können.

2. *Kompetenzen der Mitarbeiter stärken, damit diese ihren Arbeitsaufgaben gerecht werden:*
   Stellen Sie sicher, dass Ihre Mitarbeiter über die notwendigen Kompetenzen und Fähigkeiten verfügen, um ihre Arbeit zu erledigen. Tappen Sie nicht in die „Stereotypen-Falle" und berücksichtigen Sie ältere Mitarbeiter genauso wie jüngere, wenn es um Weiterbildung geht: Für die Erhaltung der Arbeitsfähigkeit einer Person ist deren **kontinuierliche Qualifizierung** unerlässlich!

3. *Auf Arbeits- und Aufgabenebene dafür sorgen, dass die Arbeitsbedingungen passen:*
   Tragen Sie als Führungskraft Sorge dafür, dass **gute Arbeitsbedingungen** geschaffen werden und die individuellen (gesundheitlichen) Voraussetzungen Ihrer Mitarbeiter bei den Arbeitsbedingungen berücksichtigt werden (z. B. größere Bildschirme bei nachlassender Sehkraft, höhenverstellbare Schreibtische bei einem Bandscheibenvorfall). Binden Sie Ihre Führungskraft oder die Firmenleitung ein, wenn Sie dafür weitere Ressourcen benötigen.
   Prüfen Sie gemeinsam im Team, ob die derzeitige **Arbeitsorganisation** sowie die **Ausstattung** für alle Mitarbeiter passend und für die Aufgaben zielführend sind.

3.7 Subjektive Arbeitsfähigkeit

4. *Durch gezieltes Augenmerk auf Führung die Arbeitsfähigkeit der Mitarbeiter zusätzlich fördern:*
Der Einfluss Ihres Führungsverhaltens auf die Arbeitsfähigkeit Ihrer Mitarbeiter – über die drei ersten Punkte hinaus – ist enorm. Tuomi et al. (1997) haben in ihren Verlaufsstudien nachgewiesen, dass der **schwerwiegendste Faktor** für Einschränkung und Verlust der Arbeitsbewältigungsfähigkeit bei steigendem Alter der **Mangel an Anerkennung und Respekt** ist. Seien Sie sich Ihrer Verantwortung (und Chance!) bewusst, die Arbeitsfähigkeit Ihrer Mitarbeiter als Führungskraft beeinflussen zu können, und unterstützen Sie Ihre Mitarbeiter bei Ihrer Aufgabenbewältigung. Sprechen Sie Ihnen **Zuversicht** zu, die Aufgaben auch zukünftig bewältigen zu können. Haben Sie ein **offenes Ohr für Sorgen** der Mitarbeiter, wenn diese sich nicht mehr fit und kompetent genug für bestimmte Aufgaben fühlen. Nehmen Sie diese Bedenken ernst (kein Bagatellisieren!) und schauen Sie gemeinsam, welche Anpassungen auf den drei zuvor genannten Ebenen möglich sind. Bleiben Sie diesbezüglich im Gespräch!

Handlungsempfehlungen

- Ermutigen Sie Ihre Mitarbeiter, den **WAI▲** alleine oder mit Unterstützung (z. B. dem Betriebsarzt) auszufüllen. Sie finden die Kurz- und Langversion des WAI sowie einen Berechnungsschlüssel kostenlos auf der Homepage des WAI-Netzwerkes (http://www.arbeitsfaehigkeit.uni-wuppertal.de/index.php?der-wai). Der Fragebogen bietet eine gute Gelegenheit, **über das Thema „Arbeitsfähigkeit" ins Gespräch zu kommen** und zu prüfen, wie gut die derzeitige Leistungsfähigkeit eines Mitarbeiters und die Arbeitsaufgaben und -bedingungen zueinander passen sowie welche Verbesserungen angegangen werden können.
- Thematisieren Sie die Arbeitsfähigkeit im **Mitarbeitergespräch.**
- Wenn Sie **individuell** mit Ihren Mitarbeitern über deren Arbeitsfähigkeit gesprochen haben und Handlungsfelder identifiziert haben, kann auch ein **Workshop mit Ihrem gesamten Team** hilfreich sein. Oft gibt es Maßnahmen, die für alle Teammitglieder einen positiven Effekt auf die Arbeitsfähigkeit haben und im gemeinsamen Gespräch können Sie weitere, zielführende Ideen entwickeln.

Handlungsempfehlungen

Teamworkshops zu subjektiver Arbeitsfähigkeit:
Mit den folgenden vier Schritten können Sie mit Ihren Mitarbeitern über die subjektive Arbeitsfähigkeit ins Gespräch kommen:

1. Stellen Sie Ihren Mitarbeitern Ziel und Ablauf des Workshops vor.
2. Lassen Sie Ihre Mitarbeiter individuell ihre Arbeitsfähigkeit einschätzen. Nutzen Sie dafür die Skala wie in Abb. 3.9 dargestellt. Drehen Sie dafür das Flipchart oder die Pinnwand um, sodass jeder seine Einschätzung anonym vornehmen kann (immer nur ein Mitarbeiter an der Pinnwand/Flipchart). Anschließend können Ihre Mitarbeiter in Kleingruppen (2–3 Personen) die Fragen auf dem zweiten Flipchart (siehe Abb. 3.10) erst einmal „unter sich" diskutieren und schriftlich auf Moderationskarten beantworten.
3. Lassen Sie dann Ihre Mitarbeiter die Ergebnisse vorstellen.
4. Leiten Sie gemeinsam Maßnahmen ab, verteilen Sie Verantwortlichkeiten und halten Sie die Diskussionsergebnisse fest.

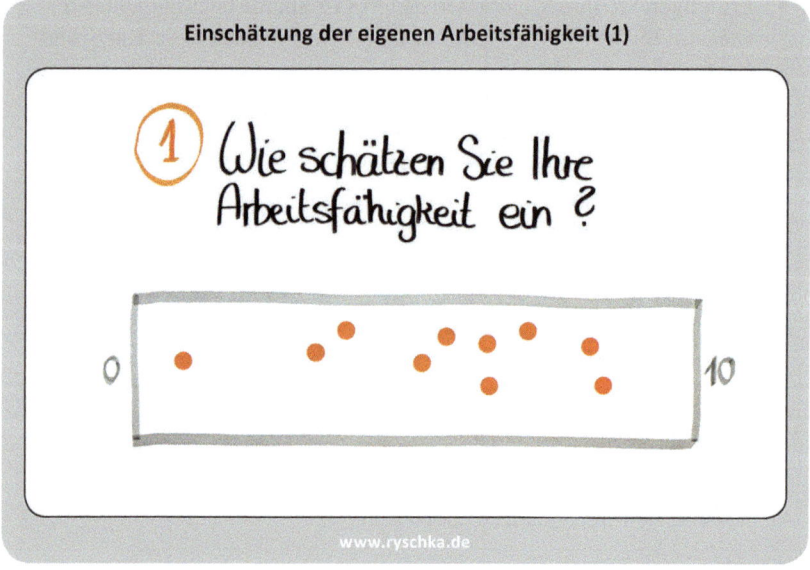

Abb. 3.9 Einschätzung der eigenen Arbeitsfähigkeit (1). Mit freundlicher Genehmigung von ©Organisationsentwicklung Ryschka, www.ryschka.de 2019. All Rights Reserved. Download möglich

3.7 Subjektive Arbeitsfähigkeit

Abb. 3.10 Einschätzung der eigenen Arbeitsfähigkeit (2). Mit freundlicher Genehmigung von ©Organisationsentwicklung Ryschka, www.ryschka.de 2019. All Rights Reserved. Download möglich

Dieses Vorgehen können Sie natürlich auch für **individuelle Gespräche** mit Ihren Mitarbeitern nutzen.

Einflussfaktor Beruf
Die Forschung zeigt, dass unterschiedliche Berufsgruppen unterschiedlich hohe WAI▲-Werte berichten. **Nicht nur das Alter selbst hat also einen Effekt darauf, wie arbeitsfähig sich Personen einschätzen, sondern auch die ausgeübte Tätigkeit.**
Abb. 3.11 zeigt die Verteilung des WAI▲ nach Alter und Berufsgruppe auf Grundlage des deutschen WAI-Referenzdatensatzes (Stand 2007; N = 7450; mind.

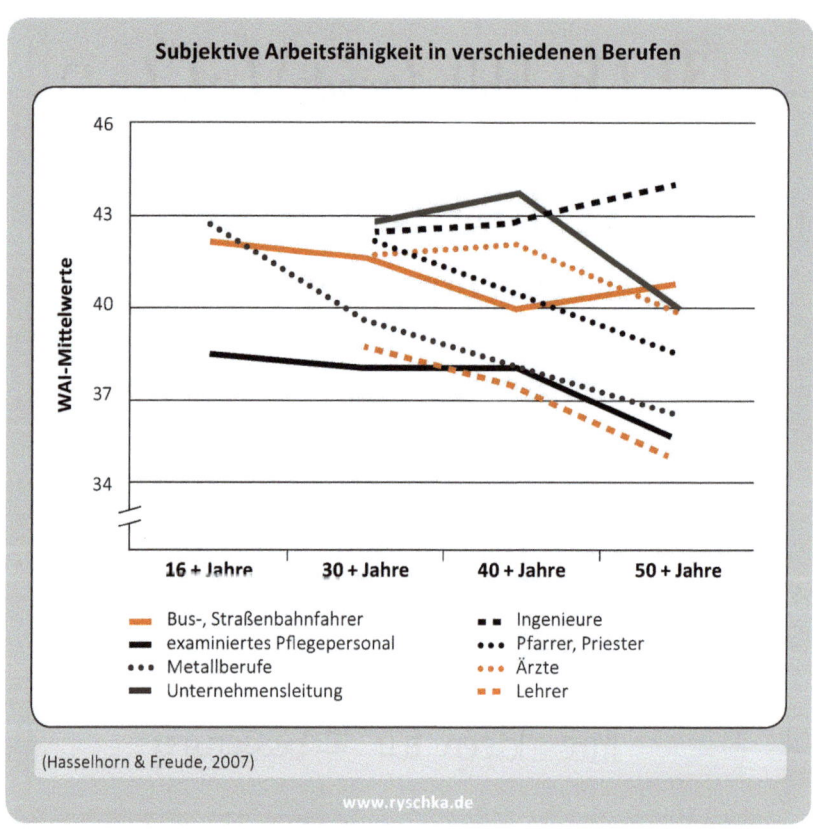

Abb. 3.11 Subjektive Arbeitsfähigkeit in verschiedenen Berufen. Mit freundlicher Genehmigung von ©Organisationsentwicklung Ryschka, www.ryschka.de 2019. All Rights Reserved

3.7 Subjektive Arbeitsfähigkeit

71 Personen pro Berufsgruppe und mind. 10 Personen pro Altersgruppe) (Hasselhorn und Freude 2007). Hieraus wird deutlich, dass die Einschätzung der subjektiven Arbeitsfähigkeit stark zwischen Berufsgruppen variiert.

Bei Lehrern bspw. gibt es von Laufbahnstart an einen kontinuierlichen Abfall der WAI-Werte, bei Pflegekräften setzt ein Abfall mit ca. 45 Jahren ein. Bei Tätigkeiten in der Unternehmensleitung steigen die WAI-Werte bis Ende 40 an, dann gibt es jedoch einen deutlichen Abfall. Ingenieure hingegen verzeichnen durchweg steigende WAI-Werte über ihre Karriere hinweg.

Spannend ist nun vor allem die Frage, wie sich die negativen Verläufe erklären lassen. Hier spielen unterschiedliche Faktoren eine Rolle:

- Bzgl. des Pflegepersonals lässt sich der Verlauf des WAI vor allem mit der schweren **körperlichen Belastung** erklären. Besonders das Muskel-Skelett-System ist betroffen und führt so zu niedrigeren WAI-Mittelwerten im höheren Alter.
- Aber auch **psychische Belastungen und Schichtarbeit** stellen Belastungsfaktoren dar, dies ist z. B. auch bei Metallberufen der Fall.
- In einigen Fällen ist die **Arbeitsausstattung dem Alter zum Teil nicht angemessen** (z. B. zu kleine Monitore).

All diese benannten Faktoren sind vor allem für ältere Mitarbeiter herausfordernd und erklären auch den stetig sinkenden WAI-Mittelwert über das Alter. Insgesamt ist festzustellen, dass die WAI-Mittelwerte sowohl bei Lehrern als auch bei examiniertem Pflegepersonal und Beschäftigten in Metallberufen **mit höherem Alter deutlich schlechter ausfallen** als bei Ärzten und Führungskräften. Bei Ingenieuren sowie Bus- und Straßenbahnfahrern war in der Altersgruppe ab 40 Jahren sogar ein **Anstieg der Arbeitsfähigkeit** zu erkennen (Hasselhorn und Freude 2007). Insofern kann die **Arbeitsfähigkeit** – entgegen dem in den Köpfen vorherrschenden Defizitmodell des Alterns – in der Gruppe der Älteren **auch zunehmen**.

Gerade in Berufsfeldern, in denen körperliche, psychische Belastung sowie Schichtarbeit eine typische Anforderung darstellen, ist die **Implementierung von gesundheitsförderlichen und präventiven Maßnahmen bereits für jüngere Altersgruppen** ein wesentlicher Aspekt, um die körperliche und psychische Gesundheit und damit die Arbeits- und Leistungsfähigkeit der Beschäftigten langfristig zu erhalten (Krämer et al. 2015).

> **Handlungsempfehlungen**
>
> - Prüfen Sie kritisch für sich und Ihr Team: Was heißen die in der Abb. 3.11 dargestellten Verläufe für Ihre Arbeit und Ihre Führungsarbeit? Finden Sie sich und Ihr Team wieder? Welche Berufsgruppe bzw. welches Tätigkeitsfeld kommt Ihrem Job am nächsten?
> - Gerade wenn Sie wissen, dass die subjektive Arbeitsfähigkeit in Ihrem Tätigkeitsfeld im Laufe des Alters eher sinkt (z. B. weil die Arbeit auch aus körperlichen Aufgaben besteht), **sprechen Sie Zuversicht in die Kompetenzen Ihrer Mitarbeiter aus.** Prüfen Sie bei körperlichen Anforderungen, welche **Arbeitsbedingungen Sie verändern** können, damit Ihre Mitarbeiter die Arbeit besser erledigen können und ihre Gesundheit nicht darunter leidet.
> - Bleiben Sie im Gespräch mit Ihren Mitarbeitern. Der niederschwelligste Gesprächseinstieg ist ein ernst gemeintes: *„Wie geht es Ihnen?"*

▶ *Wann haben Sie das letzte Mal mit Ihren Mitarbeitern über deren Arbeitsfähigkeit gesprochen?*
▶ *Wie stellen Sie sicher, dass Sie die Arbeitsfähigkeit Ihrer Mitarbeiter fördern? Was fordern Sie dafür auch von Ihrer Führungskraft/der Organisation ein und welche Unterstützung bekommen Sie?*
▶ *Wie tragen Sie für Ihre eigene Arbeitsfähigkeit Sorge?*

3.8 Bewältigungsstrategien für das Altern

Zusammenfassung 3.8

Das **SOK-Modell**▲ (Baltes und Baltes 1989, 1990) beschreibt drei mehr oder weniger bewusst angewandte **adaptive Strategien,** um mögliche Einschränkungen im Alter bewältigen zu können und dadurch Handlungskompetenz und Lebensqualität zu erhalten: S für **Selektion,** O für **Optimierung,** K für **Kompensation** (siehe Abb. 3.12). Die drei Strategien lassen sich für Berufsbilder und konkrete Tätigkeiten spezifizieren und können gemeinsam, aufeinander aufbauend oder auch losgelöst voneinander angewandt werden.

3.8 Bewältigungsstrategien für das Altern

Abb. 3.12 Bewältigungsstrategien für das Altern: das SOK-Modell. Mit freundlicher Genehmigung von ©Organisationsentwicklung Ryschka, www.ryschka.de 2019. All Rights Reserved

Nutzung vorhandener Ressourcen, um mögliche Defizite zu kompensieren
Das **SOK-Modell**▲ (Baltes und Baltes 1989, 1990) postuliert drei Strategien, um mögliche Funktionseinschränkungen im Alter durch **bestmögliche Nutzung vorhandener Ressourcen** auszugleichen (Baethge et al. 2016; Freund und Baltes 2002; Wegge und Schmidt 2015):

(S) Selektion der Arbeitsziele: Was soll erreicht werden? Welche Ziele stehen hinter den generellen (Arbeits-)Aufträgen? Lenken Sie die Energie auf wenige Ziele, sodass diese effektiv verfolgt werden können (statt viele Ziele gleichzeitig aufrecht zu erhalten oder gänzlich ohne konkretes Ziel zu agieren). Passen Sie Zielstandards (vorübergehend) an, wenn derzeitige Ziele nicht (mehr) realistisch sind und setzen Sie neue, motivierende Ziele, statt an alten Zielen verbissen festzuhalten.

(O) Optimierung: Wie können gesetzte Ziele noch besser erreicht werden? Wo gibt es Optimierungsmöglichkeiten? Wie gehen andere in diesen Situationen vor? Welche (weiteren) Fähigkeiten müssen auf- oder ausgebaut werden (vgl. Abschn. 6.3)? Wie können Aufmerksamkeit und Anstrengungsbereitschaft gefördert werden?

(K) Kompensation: Welche (Funktions-)Einschränkungen gibt es und wie können diese kompensiert werden? Wie können Sie mögliche Funktionseinschränkungen durch andere Verhaltensweisen und bislang ungenutzte bzw. neu erworbene Ressourcen kompensieren (z. B. Merkzettel, Notizen zu komplexen Prozessen, Nutzung von Hörgeräten und Lesehilfen, maschinelle Unterstützung für schwerere körperliche Arbeit)?

In Abb. 3.12 finden Sie die drei Strategien Selektion, Optimierung, Kompensation anhand eines Beispiels verdeutlicht.

Handlungsempfehlungen

- Prüfen Sie gemeinsam mit Ihren Mitarbeitern die individuellen Ziele und selektieren Sie diese, wenn notwendig und möglich.
- Prüfen Sie Möglichkeiten zur Optimierung und definieren Sie, welche Kompetenzen auf- oder ausgebaut werden können (siehe hierfür auch Abschn. 6.3).
- Stellen Sie sicher, dass alle vorhandenen **Ressourcen zur Kompensation** bekannt und bestmöglich genutzt werden können.

▶ *Wie können Sie Ihre Mitarbeiter beim Nutzen und Entwickeln der drei Strategien des SOK-Modells▲ – Selektion, Optimierung und Kompensation – unterstützen? Sie könnten z. B. einen regelmäßigen Austausch initiieren, um die Aufgabenerledigung zu vereinfachen und zu optimieren.*

▶ *Inwiefern unterstützen sich Ihre Mitarbeiter untereinander im Team? Was können Sie tun, um die Kultur der Unterstützung und Hilfsbereitschaft zu fördern?*

3.8 Bewältigungsstrategien für das Altern

Reflexion als weitere Bewältigungsstrategie des Alterns
Neben körperlichem und geistigem Training (siehe Abschn. 3.4▲), kontinuierlicher Weiterbildung und dem zuvor beschriebenen **SOK-Modell**[18] gibt es eine weitere hilfreiche Strategie für alternde Menschen, um mit dem Alterungsprozess und seinen Effekten gut zurecht zu kommen: **das bewusste Reflektieren.** Der Gerontopsychologe Kruse (2015) bezeichnete dieses Vorgehen in einem Interview auch als **„emotional-geistig tiefe Auseinandersetzung mit der Welt und der eigenen Person"** (S. 1). So können sich Ältere einen besseren Überblick verschaffen und ein tieferes Verständnis erlangen, als es vielleicht als jüngerer Mensch möglich war.

> **Handlungsempfehlungen**
>
> Regen Sie Ihre Mitarbeiter an, sich ihre **Erfolge und Leistungen vor Augen zu führen,** zu reflektieren, was im letzten Jahr gut gelaufen ist und was ihnen für das nächste Jahr wichtig ist. Dadurch stärken Sie zugleich die Selbstwirksamkeit▲ Ihrer Mitarbeiter.

Dollase (2008) spricht in einem Vortrag auch vom positiven Effekt von **„life reflection"** auf die Lebensqualität **im hohen Alter.** Er beschreibt dies als „ein[en] Kult um das vergangene Leben machen" (S. 35), z. B. indem Zeitzeugnisse wie Fotos gesammelt werden oder Personen sich über wichtige Ereignisse in ihrem vergangenen Leben austauschen (siehe hierzu auch *Counterclockwise* in Abschn. 3.5 und Abschn. 4.3).

Dies ist auch ein spannendes Feld für Unternehmen, für die die langfristige Verantwortung für Mitarbeiter einen hohen Stellenwert hat. Am Ende von Abschn. 3.4 haben wir auf den Einfluss von Führung auf die Lebensqualität von Mitarbeitern nach dem Renteneintritt hingewiesen. Organisationen können diese Erkenntnis ganz bewusst nutzen und während des Berufslebens auf gute Arbeitsbedingungen und abwechslungsreiche Tätigkeiten achten.

Organisationen, die sich der gesellschaftlichen Verpflichtung auch über den Renteneintritt hinaus widmen wollen, können Mitarbeitern den Übergang in den Ruhestand z. B. mit einem „Ruhestandsseminar" erleichtern. Sie können zudem eine **Plattform für ehemalige Mitarbeiter schaffen,** damit diese sich austauschen und gemeinsam reflektieren (über sich, das Älterwerden, das Arbeitsleben) und/oder ihre Kompetenzen gesellschaftlich sinnvoll einbringen können. Unternehmen können soziale Projekte und Aktivitäten von ehemaligen Mitarbeitern anbieten, koordinieren und unterstützen. Ein Beispiel aus unserem Umfeld: In Rente gegangene Ingenieure eines Unternehmens aus der Glasindustrie bieten Nachhilfe-Workshops in naturwissenschaftlichen Fächern an einem Gymnasium an.

Handlungsempfehlungen

Prüfen Sie als Organisation, inwieweit Sie Ihren Mitarbeitern den Übergang und das Leben im Ruhestand erleichtern und bereichern wollen.

3.9 Fazit zur Führung auf individueller Ebene

Die individuelle Perspektive: ältere und jüngere Mitarbeiter und deren Bedürfnisse

Handlungsempfehlungen

- Menschen durchlaufen **unterschiedliche Lebensphasen** und haben unterschiedliche Lebensentwürfe mit entsprechenden **Zielen, Interessen und Bedürfnissen**. Behalten Sie dies als Führungskraft im Blick und bedenken Sie, dass sich Ihre Mitarbeiter im Laufe der Zeit verändern.
- Die **Bedürfnisse** bzgl. der Arbeitstätigkeit **verändern sich meist** im Laufe des Berufslebens. Ein großer Handlungsspielraum und die Weitergabe von Wissen und Erfahrung werden wichtiger, ebenso der Wunsch nach positivem Erleben und Miteinander, während Konflikte und unangenehme Situationen eher vermieden werden. Ermöglichen Sie Wissenstransfer, nutzen Sie die Erfahrung Ihrer älteren Mitarbeiter und haben Sie im Blick, dass Ältere ggf. Negatives (wie Konflikte oder Veränderungen) vermeiden.
- Die **körperlichen und sensorischen Fähigkeiten** lassen ab ca. 30 Jahren nach – sind jedoch für die meisten Berufe nicht von so großer Relevanz, dass die Arbeitsleistung dadurch leidet.
- Die **fluide Intelligenz**▲ nimmt im Laufe des Lebens ab und wird weitestgehend kompensiert durch **(Erfahrungs-)Wissen**. Wirklich stark fällt die fluide Intelligenz aber oftmals erst nach Eintritt des Rentenalters ab. Beachten Sie aber auch hier die interindividuellen Unterschiede, die mit dem zunehmenden Alter nochmals größer werden.
- Die **fluide Intelligenz**▲ kann sowohl arbeits- als auch personenbezogen **positiv beeinflusst** werden. Als Führungskraft sollten Sie Ihre Mitarbeiter unterstützen und fördern. Achten Sie auf eine angemessene Arbeitszeit Ihrer Mitarbeiter und reduzieren Sie unnötigen Stress.

- Übertragen Sie Ihren Mitarbeitern anregende, anspruchsvolle und abwechslungsreiche Aufgaben. Unterstützen Sie bei der Suche nach adaptiven Strategien, um möglichen Einschränkungen durch das Alter zu begegnen: **Selektion, Optimierung und Kompensation**.
- Ein Kernelement beim Thema Führen von Jung und Alt sind die **Stereotype**, die in den Köpfen bzgl. des Älterwerdens vorherrschen. Diese sind wissenschaftlich widerlegt! Es gibt **keinen systematischen Zusammenhang zwischen Alter und Arbeitsleistung**. Als Führungskraft ist es Ihre Aufgabe, diese dennoch vorhandenen Stereotype zu thematisieren, damit Sie und Ihr Team nicht „in die Falle tappen" – weder als Führungskraft, noch als Kollege, noch als Individuum sich selbst gegenüber.
- Das **subjektive Alter** hat einen stärkeren Effekt als das tatsächliche chronologische Alter. Als Führungskraft können Sie das subjektive Alter mitgestalten, z. B. durch das Betonen „jüngerer" Attribute. Vor allem aber können (und sollten!) Sie die **subjektive Arbeitsfähigkeit** – d. h. wie fit und kompetent sich ihre Mitarbeiter fühlen, ihre Arbeitsaufgaben zu erledigen – fördern, indem Sie Zuversicht aussprechen, Kompetenzen aufbauen lassen und die Arbeitsbedingungen, wo nötig und möglich, anpassen.

Literatur

Abele, A. E., & Spurk, D. (2011). The dual impact of gender on objective career success: Longitudinal effects of the gender-self-concept and the timing of parenthood. *International Journal of Behavioral Development, 35,* 225–232.

Ahnert, L. (2014). *Theorien in der Entwicklungspsychologie.* Berlin/Heidelberg: Springer.

Ahonen, G., Bjurström, L. M., & Hussi, T. (2002). Economic effectiveness of the maintenance and promotion of work ability. In P. Peltomäki, T. Hussi, H. Julin, K. Launis, J. Liira & K. Räsänen (Hrsg.), *Maintenance of work ability – Research and assessment: Summaries* (S. 33–44). Helsinki: Finnish Institute of Occupational Health/Ministry of Social Affairs and Health.

Amanatullah, E. T., & Morris, M. W. (2010). Negotiating gender roles: Gender differences in assertive negotiating are mediated by women's fear of backlash and attenuated when negotiating on behalf of others. *Journal of Personality and Social Psychology, 98,* 256–267.

Andel, R., Crowe, M., Kåreholt, I., Wastesson, J., & Parker, M. G. (2011). Indicators of job strain at midlife and cognitive functioning in advanced old age. *The Journals of Gerontology. Series B, Psychological Sciences and Social Sciences, 66,* 287–291.

Arnsten, A. F. T. (2009). Stress signalling pathways that impair prefrontal cortex structure and function. *Nature, 10,* 410–422.

Arnsten, A. F. T. (2015). Stress weakens prefrontal networks: Molecular insults to higher cognition. *Nature Neuroscience, 18*, 1376–1385.
Babad, E. Y., Inbar, J., & Rosenthal, R. (1982). Pygmalion, Galatea, and the Golem: Investigations of biased and unbiased teachers. *Journal of Educational Psychology, 74*, 459–474.
Baethge, A., Müller, A., & Rigotti, T. (2016). Nursing performance under high workload – A diary study on the moderating role of selection, optimization, and compensation strategies. *Journal of Advanced Nursing, 72*, 545–557.
Baker, A. B., & Tang, Y. Q. (2010). Aging performance for masters records in athletics, swimming, rowing, cycling, triathlon, and weightlifting. *Experimental Aging Research, 36*, 453–477.
Baltes, P. B., & Baltes, M. M. (1989). Optimierung durch Selektion und Kompensation. *Zeitschrift für Pädagogik, 35*, 85–105.
Baltes, P. B., & Baltes, M. M. (1990). Psychological perspectives on successful aging: The model of selective optimization with compensation. *Successful aging: Perspectives from the behavioral sciences, 1*, 1–34.
Bangert, M., & Altenmüller, E. O. (2003). Mapping perception to action in piano practice: A longitudinal DC-EEG study. *BMC Neuroscience, 4*, 26.
Bargh, J. A., Chen, M., & Burrows, L. (1996). Automaticity of social behavior: Direct effects of trait construct and stereotype activation on action. *Journal of Personality and Social Psychology, 71*, 230–244.
Bethge, M., Radoschewski, F. M., & Gutenbrunner, C. (2012). The work ability index as a screening tool to identify the need for rehabilitation: Longitudinal findings from the second German sociomedical panel of employees. *Journal of Rehabilitation Medicine, 44*, 980–987.
Binnewies, C., Ohly, S., & Niessen, C. (2008). Age and creativity at work: The interplay between job resources, age and idea creativity. *Journal of Managerial Psychology, 23*, 438–457.
Binnewies, C., Sonnentag, S., & Mojza, E. J. (2010). Recovery during the weekend and fluctuations in weekly job performance: A four-week longitudinal study examining intraindividual relationships. *Journal of Occupational and Organizational Psychology, 83*, 419–441.
Bloss, E. B., Janssen, W. G., McEwen, B. S., & Morrison, J. H. (2010). Interactive effects of stress and aging on structural plasticity in the prefrontal cortex. *Journal of Neuroscience, 30*, 6726–6731.
Bouwhuis, D. G. (1992). Aging, perceptual and cognitive functioning and interactive equipment. In H. Bouma & J. A. M. Graafmans (Hrsg.), *Studies in Health Technology and Informatics. Bd.3: Gerontechnology* (S. 93–112). Amsterdam/Oxford/Washington, DC/ Tokyo: IOS Press.
Bowles, H. R., Babcock, L., & McGinn, K. L. (2005). Constraints and triggers: Situational mechanics of gender in negotiation. *Journal of Personality and Social Psychology, 89*, 951–965.
Brooke, L., & Taylor, P. (2005). Older workers and employment: managing age relations. *Ageing and Society, 25*, 415–429.
Bruch, H., Kunze, F., & Böhm, S. (2010). *Generationen erfolgreich führen – Konzepte und Praxiserfahrungen zum Management des demographischen Wandels.* Wiesbaden: Gabler.

Bundesanstalt für Arbeitsschutz und Arbeitsmedizin (BAUA). (2013). *Why WAI? Der Work Ability Index im Einsatz für Arbeitsfähigkeit und Prävention. Erfahrungsberichte aus der Praxis* (5. Aufl.). Dortmund: Bundesanstalt für Arbeitsschutz und Arbeitsmedizin.

Burris, E. R. (2012). The risks and rewards of speaking up: Managerial responses to employee voice. *Academy of Management Journal, 55*, 851–857.

Carstensen, L. L. (2006). The influence of a sense of time on human development. *Science, 312*, 1913–1915.

Carstensen, L. L., & Charles, S. T. (1998). Emotion in the second half of life. *Current Directions in Psychological Science, 7*, 144–149.

Carstensen, L. L., Isaacowitz, D. M., & Charles, S. T. (1999). Taking time seriously: A theory of socioemotional selectivity. *American Psychologist, 54*, 165–181.

Cate, R. A., & John, O. P. (2007). Testing models of the structure and development of future time perspective: Maintaining a focus on opportunities in middle age. *Psychology and Aging, 22*, 186.

Chaiken, A. L., Sigler, E., & Derlega, V. J. (1974). Nonverbal mediators of supervisor expectancy effects. *Journal of Personality and Social Psychology, 30*, 144–149.

Dollase, R. (2008). *Psychologie des Alters: Erfreuliche Erkenntnisse für ältere Menschen*. Halle: Vortrag bei der VHS Ravensberg.

Doty, R. L., Shaman, P., Applebaum, S. L., Giberson, R., Siksorski, L., & Rosenberg, L. (1984). Smell identification ability: changes with age. *Science, 226*, 1441–1443.

Eden, D. (1990). Pygmalion without interpersonal contrast effects: Whole groups gain from raising manager expectations. *Journal of Applied Psychology, 75*, 394–398.

Eden, D. (2003). Self-fulfilling prophecies in organizations. In J. Greenberg (Hrsg.), *Organizational behavior: The state of the science* (2. Aufl., S. 91–122). Mahwah: Erlbaum.

Erickson, K. I., Voss, M. W., Prakash, R. S., Basak, C., Szabo, A., Chaddock, L., Kim, J. S., Heo, S., Alves, H., White, S. M., Woods, J. A., McAuley, E., & Kramer, A. F. (2010). Exercise training increases size of hippocampus and improves memory. *Proceedings of the National Academy of Sciences, 108*, 3017–3022.

Falkenstein, M. (2015). *Innovation und Leistungsfähigkeit im demografischen Wandel fördern*. Dortmund: Präsentation beim Innokat-Abschluss-Workshop.

Falkenstein, M., & Gajewski, P. D. (2014). Das alternde Gehirn: Konsequenzen für mentale Fitness, Arbeit und betriebliche Maßnahmen. In M. Kastner, M. Falkenstein & B. Hinding (Hrsg.), *Leistung, Gesundheit und Innovativität im demografischen Wandel* (S. 231–251). Lengerich: Pabst Science Publishers.

Freund, A. M., & Baltes, P. B. (2002). Life-management strategies of selection, optimization and compensation: Measurement by self-report and construct validity. *Journal of Personality and Social Psychology, 82*, 642.

Gajewski, P. D., & Falkenstein, M. (2011). Neurocognition of aging in working environments. *Zeitschrift für ArbeitsmarktForschung, 44*, 307–320.

Gajewski, P. D., & Falkenstein, M. (2015). Lifelong physical activity and executive functions in older age assessed by memory based task witching. *Neuropsychologia, 73*, 195–207.

Gaser, C., & Schlaug, G. (2003). Brain structures differ between musicians and non-musicians. *The Journal of Neuroscience, 23*, 9240–9245.

Gerlmaier, A., Gül, K., Hellert, U., Kämpf, T., & Latniak, E. (2016). *Praxishandbuch lebensphasenorientiertes Personalmanagement. Fachkräftepotenziale in technischen Entwicklungsbereichen erschließen und fördern*. Wiesbaden: Springer Fachmedien.

Giesenbauer, B., Mürdter, A., & Stamov-Roßnagel, C. (2017). Die Generationsdebatte – viel Lärm um nichts? *Wirtschaftspsychologie aktuell, 3*, 13–16.

Graham, J. E., Christian, L. M., & Kiecolt-Glaser, J. K. (2006). Stress, age, and immune function: Toward a lifespan approach. *Journal of Behavioral Medicine, 29*, 389–400.

Grant, A. M. (2013). *Give and take: A revolutionary approach to success*. London: Weidenfeld & Nicolson.

Gröber, U., & Kisters, K. (2015). Neuroenhancement with vitamins and other micronutrients? *Pharmakon, 3*, 231–237.

Grube, A. (2009). Alterseffekte auf die Bedeutung berufsbezogener Motive und die Zielorientierung. Unveröff. Dissertation, Westfälische Wilhelms-Universität, Münster.

Grube, A., & Hertel, G. (2008). Altersbedingte Unterschiede in Arbeitsmotivation, Arbeitszufriedenheit und emotionalem Erleben während der Arbeit. *Wirtschaftspsychologie, 10*, 18–29.

Gunz, H. P., & Heslin, P. A. (2005). Reconceptualizing career success. *Journal of Organizational Behavior, 26*, 105–111.

Hacker, W. (1996). *Erwerbsarbeit der Zukunft – auch für „Ältere"?* Stuttgart: Teubner.

Hacker, W., & Sachse, P. (2014). *Allgemeine Arbeitspsychologie: Psychische Regulation von Tätigkeiten*. Göttingen: Hogrefe.

Hackman, J. R., & Oldham, G. R. (1976). Motivation through the design of work: Test of a theory. *Organizational Behavior and Human Performance, 16*, 250–279.

Hasselhorn, H. M., & Freude, G. (2007). *Der Work Ability Index: Ein Leitfaden*. Bremerhaven: Wirtschaftsverlag NW, für neue Wissenschaft.

Heilman, M. E., & Okimoto, T. G. (2007). Why are women penalized for success at male tasks? The implied communality deficit. *Journal of Applied Psychology, 92*, 81–92.

Hertel, G., Thielgen, M., Rauschenbach, C., Grube, A., Stamov-Roßnagel, C., & Krumm, S. (2013). Age differences in motivation and stress at work. In C. M. Schlick, E. Frieling & J. Wegge (Hrsg.), *Age-differentiated work systems* (S. 119–148). Berlin: Springer.

Hertel, G., Rauschenbach, C., Thielgen, M., & Krumm, S. (2015). Are older workers more active copers? Longitudinal effects of age-contingent coping on strain at work. *Journal of Organizational Behavior, 36*, 514–537.

Hogan, C. L., Mata, J., & Carstensen, L. L. (2013). Exercise holds immediate benefits for affect and cognition in older and younger adults. *Psychology and Aging, 28*, 587–594.

Howell, T. M., Harrison, D. A., Burris, E. R., & Detert, J. R. (2015). Who gets credit for input? Demographic and structural status cues in voice recognition. *Journal of Applied Psychology, 100*, 1765–1787.

Ilmarinen, J. (1999). Aging workers in Finland and the European Union: Their situation and the promotion of their working ability, employability and employment. *The Geneva Papers on Risk and Insurance, 26*, 623–641.

Ilmarinen, J. (2005). *Towards a longer worklife: Ageing and the quality of worklife in the European Union*. Helsinki: Finnish Institute of Occupational Health/Ministry of Social Affairs and Health.

Ilmarinen, J. (2007). The Work Ability Index (WAI). *Occupational Medicine, 57*, 160.

Ilmarinen, J., & Tuomi, K. (2004). Past, present and future of work ability. In J. Ilmarinen & S. Lehtinen (Hrsg.), *Past, present and future of work ability*: Proceedings of the 1st international symposium on work ability, 5–6 September 2001, Tampere (S. 1–25). Helsinki: Finnish Institute of Occupational Health.

Jennings, J. R., Kamarck, T., Manuck, S., Everson, S. A., Kaplan, G., & Salonen, J. T. (1997). Aging or disease? Cardiovascular reactivity in Finnish men over the middle years. *Psychology and Aging, 12*, 225–238.

Kafetsios, K. (2004). Attachment and emotional intelligence abilities across the life course. *Personality and Individual Differences, 37*, 129–145.

Kaluza, G. (2015). *Stressbewältigung: Trainingsmanual zur psychologischen Gesundheitsförderung* (3. Aufl.). Berlin/Heidelberg: Springer.

Kattenstroth, J.-C., Kalisch, T., Holt, S., Tegenthoff, M., & Dinse, H. R. (2013). Six months of dance intervention enhances postural, sensorimotor, and cognitive performance in elderly without affecting cardio-respiratory functions. *Frontiers in Aging Neuroscience, 5*, 1–16.

Kite, M. E., Stockdale, G. D., Whitley, B. E., & Johnson, B. T. (2005). Attitudes toward younger and older adults: an updated meta-analytic review. *Journal of Social Issues, 61*, 241–266.

Klußmann, A., Gebhardt, H., Topel, M. & Müller-Arnecke, H. W. (2009). Optimierung der ergonomischen Eigenschaften von Produkten für ältere Arbeitnehmerinnen und Arbeitnehmer – Gestaltung und Design. Dortmund/Berlin/Dresden: Bundesanstalt für Arbeitsschutz und Arbeitsmedizin.

Koenig, A. M., Eagly, A. H., Mitchell, A. A., & Ristikari, T. (2011). Are leader stereotypes masculine? A meta-analysis of three research paradigms. *Psychological Bulletin, 127*, 616–642.

Kooij, D. T. A. M., De Lange, A. H., Jansen, P. W. G., Kanfer, R., & Dikkers, J. S. E. (2011). Age and work-related motives: Results of a meta-analysis. *Journal of Organizational Behavior, 32*, 97–225.

Korff, J., Biemann, T., & Völpel, S. (2009). Der ältere Mitarbeiter, das unbekannte Wesen. *Personalwirtschaft, 1*, 44–46.

Krämer, A., Jaskulski, S., Prüfer-Krämer, L., Fischer, F., & Eikamp, J. (2015). Welchen Mehrwert bietet eine erweiterte Gesundheitsbefragung in Ergänzung zum WAI? *Arbeitsmedizin, Sozialmedizin, Umweltmedizin, 50*, 904–911.

Krumm, S., Grube, A., & Hertel, G. (2013). No time for compromises: Age as a moderator of the relation between needs-supply fit and job satisfaction. *European Journal of Work and Organizational Psychology, 22*, 547–562.

Kruse, A. (2015). Im Alter entsteht etwas Neues. *Frankfurter Allgemeine Zeitung.* http://www.faz.net/aktuell/rhein-main/gerontopsychologe-andreas-kruse-ueber-das-altern-13925483.html. Zugegriffen am 28.11.2015.

Kunze, F., & Bruch, H. (2012). Aktives Demografiemanagement. *Zeitschrift für Führung und Organisation, 81*, 397–402.

Kunze, F., & Raes, A. (2015). *It's not how old you are, but how old you feel.* Barcelona: Präsentation beim Global HR Think Tank.

Kunze, F., Boehm, S., & Bruch, H. (2011). Age diversity, age discrimination climate and performance consequences – a cross organizational study. *Journal of Organizational Behavior, 32*, 264–290.

Kunze, F., Boehm, S., & Bruch, H. (2013a). Organizational performance consequences of age diversity: Inspecting the role of diversity-friendly HR policies and top managers' negative age stereotypes. *Journal of Management Studies, 50*, 413–442.

Kunze, F., Boehm, S., & Bruch, H. (2013b). Age, resistance to change, and job performance. *Journal of Managerial Psychology, 28*, 741–760.

Kunze, F., Raes, A., & Bruch, H. (2015). It matters how old you feel: Antecedents and performance consequences of average relative subjective age in organizations. *Journal of Applied Psychology, 100*, 1511–1526.
Langer, E. J. (1981). Old age: An artifact. In J. L. McGaugh & S. B. Kiesler (Hrsg.), *Aging: Biology and Behavior* (S. 255–281). New York: Academic.
Langer, E. J. (2009). *Counterclockwise: Mindful health and the power of possibility.* New York: Ballantine Books.
Larson, R., Csikszentmihalyi, M., & Graef, R. (1980). Mood variability and the psychosocial adjustment of adolescents. *Journal of Youth and Adolescence, 9*, 469–490.
Lawton, M. P., Kleban, M. H., Rajagopal, D., & Dean, J. (1992). Dimensions of affective experience in three age groups. *Psychology and Aging, 7*, 171–184.
Levy, B. R. (2003). Mind matters: Cognitive and physical effects of aging self-stereotypes. *The Journals of Gerontology Series B: Psychological Sciences and Social Sciences, 58*, 203–211.
Levy, B. R. (2009). Stereotype embodiment: A psychosocial approach to aging. *Current Directions in Psychological Science, 18*, 332–336.
Marquié, J.-C., Jansou, P., Baracat, B., Martinaud, C., Gonon, O., Niezborala, M., Ruidavets, J.-B., Fonds, H., & Esquirol, E. (2002). Aging, health, work: Overview and methodology of the VISAT prospective study. *Le Travail Human, 65*, 243–260.
Mazei, J., Hueffmeier, J., Freund, P. A., Stuhlmacher, A. F., Bilke, L., & Hertel, G. (2015). A meta-analysis on gender differences in negotiation outcomes and their moderators. *Psychological Bulletin, 141*, 85–104.
McNatt, D. B. (2000). Ancient pygmalion joins contemporary management: A meta-analysis of the result. *Journal of Applied Psychology, 85*, 314–322.
Montepare, J. M. (2009). Subjective age: Toward a guiding lifespan framework. *International Journal of Behavioral Development, 33*, 42–46.
Ng, T. W. H., & Feldman, D. C. (2008). The relationship of age to ten dimensions of job performance. *Journal of Applied Psychology, 93*, 392–423.
Ng, T. W. H., & Feldman, D. C. (2010). The relationships of age with job attitudes: A meta-analysis. *Personnel Psychology, 63*, 677–718.
Ng, T. W. H., & Feldman, D. C. (2012). Evaluating six common stereotypes about older workers with meta-analytical data. *Personnel Psychology, 65*, 821–858.
Ng, T. W. H., & Feldman, D. C. (2013a). A meta-analysis of the relationships of age and tenure with innovation-related behavior: A meta-analysis. *Journal of Occupational and Organizational Psychology, 86*, 585–616.
Ng, T. W. H., & Feldman, D. C. (2013b). Does longer job tenure help or hinder job performance? *Journal of Vocational Behavior, 83*, 305–314.
Pohjonen, T., & Pukari, A. R. (1999). *Työkyky, työ ja henkilöstön hyvinvointi vanhusten kotipalvelussa [Work ability, work and employee well-being for the elderly home service].* Helsinki: Finnish Institute of Occupational Health.
Posthuma, R. A., & Campion, M. A. (2009). Age stereotypes in the workplace: Common stereotype, moderators, and future research directions. *Journal of Management, 35*, 158–188.
Rauschenbach, C., & Hertel, G. (2011). Age differences in strain and emotional reactivity to stressors in professional careers. *Stress and Health, 27*, 48–60.
Rauschenbach, C., Krumm, S., Thielgen, M., & Hertel, G. (2013). Age and work-related stress: A review and meta-analysis. *Journal of Managerial Psychology, 28*, 781–804.

Richenhagen, G. (2007). Beschäftigungsfähigkeit, altersflexibles Führen und gesundheitliche Potenziale. *Personalführung, 8*, 44–51.
Röcke, C. (2006). Intraindividual variability in positive and negative affect. Unpublished doctoral dissertation, Freie Universität, Berlin.
Rosenthal, R., & Jacobson, L. (1966). Teachers' expectancies: Determinants of pupils' IQ gains. *Psychological Reports, 19*, 115–118.
Rüdiger, H. W. (2009). Ältere am Arbeitsplatz. In S. Letzel & D. Nowak (Hrsg.), *Handbuch der Arbeitsmedizin* (S. B VI-2, 1-20). Landsberg: Ecomed.
Ryschka, J., Demmerle, C., Haun, S., & Hübner, A. (2008). *Zeit für Zeit*. Mainz: Dr. Jurij Ryschka.
Ryschka, J., Demmerle, C., Jüster, T., Merle, L., & Sattler, S. (2011). *Balance*. Mainz: Dr. Jurij Ryschka.
Ryschka, J., Demmerle, C., Stegh, W., Schnorr, T., & William, L. (2013). *Karriere – Erreichen Sie Ihre Ziele*. Mainz: Dr. Jurij Ryschka.
Saup, W. (1993). *Alter und Umwelt: Eine Einführung in die ökologische Gerontologie*. Stuttgart: Kohlhammer.
Schmidt, F. L., & Hunter, J. E. (1998). The validity and utility of selection methods in personnel psychology: Practical and theoretical implications 85 years of research findings. *Psychological Bulletin, 124*, 262–274.
Schumacher, R. (2006). *Macht Mozart schlau? Die Förderung kognitiver Kompetenzen durch Musik. Bildungsforschung Band 18*. Berlin: Bundesministerium für Bildung und Forschung.
Shore, L. M., Cleveland, J. N., & Goldberg, C. B. (2003). Work attitudes and decisions as a function of manager age and employee age. *Journal of Applied Psychology, 88*, 529–537.
Stawski, R. S., Sliwinski, M. J., & Smyth, J. M. (2006). Stress-related cognitive interference predicts cognitive function in old age. *Psychology and Aging, 21*, 535–544.
Stempel, C. R., Rigotti, T., & Mohr, G. (2015). Think transformational leadership – Think female. *Leadership, 11*, 259–280.
Stephan, J., Chalabaev, A., Kotter-Grühn, D., & Jaconelli, A. (2012). Feeling younger, beeing stronger: An experimental study of subjective age and physical functioning among older adults. *The Journals of Gerontology, Series B: Psychological Science and Social Science, 68*, 1–7.
Stevens, J. C., & Dadarwala, A. D. (1993). Variability of olfactory threshold and its role in assessment of aging. *Attention, Perception, & Psychophysics, 54*, 296–302.
Thielgen, M. M., Krumm, S., Rauschenbach, C., & Hertel, G. (2015). Older but wiser: Age moderates congruency effects between implicit and explicit motives on job satisfaction. *Motivation and Emotion, 39*, 182–200.
Tuomi, K., & Ilmarinen, J. (1999). Work, lifestyle, health and work ability among ageing municipal workers in 1981-1992. In J. Ilmarinen & W. Louhevaara (Hrsg.), *FinnAge – Respect for the aging: Action programme to promote health, work ability and well-being of aging workers in 1990-96* (S. 220–232). Helsinki: Finnish Institute of Occupational Health.
Tuomi, K., Ilmarinen, J., Martikainen, R., Aalto, L., & Klockars, M. (1997). Aging, work, life-style and work ability among Finnish municipal workers in 1981-1992. *Scandinavian Journal of Work, Environment & Health, 23*, 58–65.
Tuomi, K., Huuhtanen, P., Nykyri, E., & Ilmarinen, J. (2001). Promotion of work ability, the quality of work and retirement. *Journal of Occupational Medicine, 51*, 318–324.

Uchino, B. N., Berg, C. A., Smith, T. W., Pearce, G., & Skinner, M. (2006). Age-related differences in ambulatory blood pressure during daily stress: Evidence for greater blood pressure reactivity with age. *Psychology and Aging, 21*, 231–239.

Virtanen, M., Singh-Manoux, A., Ferrie, J. E., Gimeno, D., Marmot, M. G., Elovainio, M., Jokela, M., Vahtera, J., & Kivimäki, M. (2009). Long working hours and cognitive function: The Whithall II Study. *American Journal of Epidemiology, 169*, 596–605.

Wagner-Link, A. (2010). *Verhaltenstraining zur Stressbewältigung: Arbeitsbuch für Therapeuten und Trainer* (Bd. 231). Stuttgart: Klett-Cotta.

Wegge, J., & Schmidt, K.-H. (2015). *Diversity Management. Generationenübergreifende Zusammenarbeit fördern*. Göttingen: Hogrefe.

Wheeler, S. C., & Petty, R. E. (2001). The effects of stereotype activation on behavior: A review of possible mechanisms. *Psychological Bulletin, 127*, 797–826.

Wolfram, H. J., & Mohr, G. (2010). Gender-typicality of economic sectors and gender-composition of working groups as moderating variables in leadership research. *Gender in Management: An International Journal, 25*, 320–339.

Wrenn, K. A., & Maurer, T. J. (2004). Beliefs about older workers' learning and development behavior in relation to beliefs about malleability of skills, age-related decline, and control. *Journal of Applied Social Psychology, 34*, 223–242.

Zacher, H., & Frese, M. (2009). Remaining time and opportunities at work: Relationships between age, work characteristics, and occupational future time perspective. *Psychology and Aging, 24*, 487–493.

Teamperspektive: altersheterogene Teams

4

Zusammenfassung

Nachdem im vorangegangenen Kapitel die individuelle Perspektive von Führen von Jung und Alt betrachtet wurde, geht es in diesem Kapitel um die Teamperspektive:

Welche Faktoren sind erfolgsentscheidend für Führung in altersgemischten Teams (siehe Abschn. 4.1)? Hier spielen ein positives **Teamklima**, die **Wertschätzung von Altersunterschieden**, gering ausgeprägte **Vorurteile** gegenüber Älteren und die Art der **Arbeitsaufgaben** eine Rolle. Dabei ist auch die Salienz▲ (das auffällige Hervortreten) von Altersdiversität zu beachten.

Ein gutes **Teamklima** wird als ein Schlüsselfaktor für erfolgreiches Zusammenarbeiten vorgestellt (Abschn. 4.2). Wesentliche Faktoren des Teamklimas sind eine Teamvision, eine Atmosphäre, in der sich alle um hohe Leistung und Qualität bemühen, partizipative Sicherheit (Mitgestaltung, Informationsaustausch, Kontaktpflege etc.) sowie die Unterstützung für Innovation. Zur Förderung des Teamklimas werden Methoden vorgestellt, mit denen Sie u. a. die Kooperation im Team reflektieren oder für ein gemeinsames Verständnis (Shared Mental Model▲) im Team hinsichtlich Zielen, Rollen, Aufgaben und Zusammenspiel sorgen können.

In Abschn. 4.3 wird Führen von Jung und Alt vor dem Gesichtspunkt der **unterschiedlichen Generationen** betrachtet. Medienwirksam werden Generationen wie die Generation Y mit diversen positiven wie negativen Stereotypen belegt: In diesem Kapitel wird dargestellt, inwiefern diese Vorurteile zutreffend sind und wie Sie als Führungskraft den Generationenbegriff für den Austausch in Ihrem Team nutzen können.

Anschließend geht es um die **Förderung des Wissensaustausches in altersheterogenen Teams:** Wie können Führungskräfte sicherstellen, dass ältere Mitarbeiter ihr langjähriges Erfahrungswissen teilen und zudem jüngere Mitarbeiter auch zum Wissenszuwachs beitragen können (Abschn. 4.4)?

Abgerundet wird das Kapitel mit einer Zusammenfassung zur Führung in altersheterogenen Teams.

4.1 Führung in altersheterogenen Teams

Zusammenfassung 4.1

Bezogen auf die Gruppenleistung birgt Altersheterogenität in Teams sowohl Chancen als auch Risiken. Insbesondere die Ausprägung des **Teamklimas,** die **Wertschätzung von Altersheterogenität** im Team sowie **Altersvorurteile** der Teammitglieder sind wichtige Einflussgrößen, damit die unterschiedlichen Fähigkeiten, Erfahrungen und Bedürfnisse von verschieden alten Menschen **Synergien** hervorbringen und keine **Störung** der Leistung nach sich ziehen (siehe Abb. 4.1).

Die Arbeit in altersgemischten Teams fällt hinsichtlich objektiver Leistungsmaße, Innovationsleistungen sowie dem Ausmaß gesundheitlicher Probleme und Erschöpfungssymptomen **besser aus, wenn die folgenden Bedingungen erfüllt sind** (siehe **ADIGU-Modell▲**: z. B. Ries et al. 2010, 2013; Wegge et al. 2008, 2012):

1. Das **Teamklima** ist **positiv** ausgeprägt,
2. die **Wertschätzung der Altersunterschiede** ist **hoch,**
3. die **Vorurteile gegenüber Älteren** sind **gering** und
4. die **Arbeitsaufgaben** sind – im Gegensatz zu einfachen Routineaufgaben – anspruchsvoll und stellen **kontinuierliche Lernanforderungen** dar. Bei einfachen Routineaufgaben[1] hingegen, die keine Wissensweitergabe erfordern, entsteht kein spezifischer Vorteil durch Altersheterogenität. Es kann hier sogar zu Leistungseinbußen und erhöhten gesundheitlichen Belastungen kommen.

---

[1] Mit einfachen Routineaufgaben sind bspw. in der Stichprobe von Wegge et al. (2008) das Bearbeiten „normaler" Steuererklärungen von Steuerbeamten gemeint im Gegensatz zu „komplizierteren" Steuererklärungen mit verschiedenen Einkommenstypen, die mehr Teamarbeit erfordern.

4.1 Führung in altersheterogenen Teams

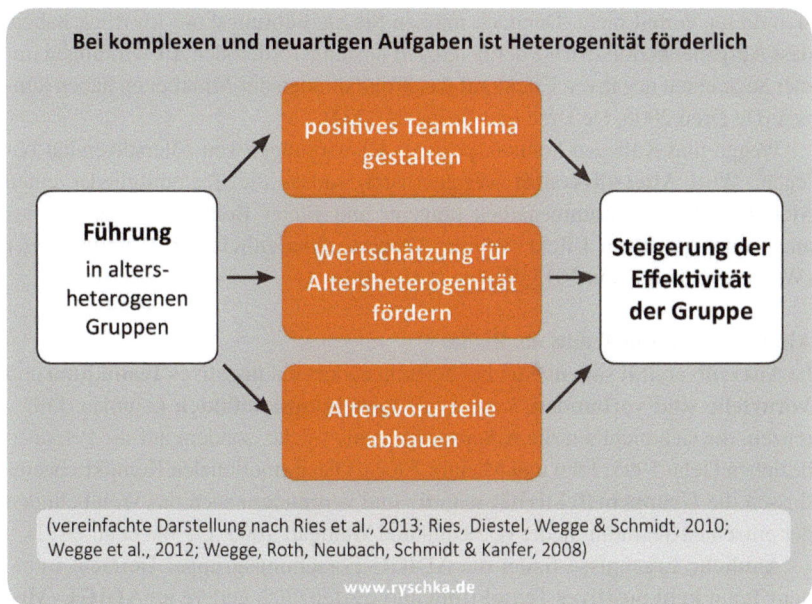

Abb. 4.1 Bei komplexen und neuartigen Aufgaben ist Heterogenität förderlich. Mit freundlicher Genehmigung von ©Organisationsentwicklung Ryschka, www.ryschka.de 2019. All Rights Reserved

Altersdiversität in Teams als Potenzial
Wenn **Altersdiversität salient▲** ist (d. h. auffällig hervortritt), kann dies die **Konfliktwahrscheinlichkeit** in Teams erhöhen. Wenn dabei ein **positives Teamklima** mit **Wertschätzung** und **ohne Vorurteile** besteht, finden sich eher **Aufgabenkonflikte** im Gegensatz zu den meist schädlichen Beziehungskonflikten (s. u.) – genau wie auch bei **niedriger Salienz▲** von **Altersheterogenität**. Aufgabenkonflikte bezeichnen Konfliktfragen, die sich auf die Aufgabe als solche beziehen. Durch konstruktive Diskussionen und den Austausch unterschiedlicher Meinungen und Erfahrungen *kann* eine Konkretisierung und Klärung der Aufgabe herbeigeführt werden, was zu einem höheren Aufgabenverständnis und schließlich zu einer besseren Aufgabenerledigung führen kann (siehe hierzu auch die Entwicklung eines Shared Mental Models▲ in Abschn. 4.2.1). Bei **komplexen Problemlöseaufgaben** – unter den benannten Voraussetzungen (positives Teamklima, Wertschätzung für Altersunterschiede, geringe Vorurteile gegenüber Älteren) – kann Altersheterogenität daher die **Gruppeneffektivität fördern,** da es hilfreich ist, sich mit den Aufgabenstellungen intensiv auseinanderzusetzen. Bei Routineaufgaben findet

sich dieser Vorteil nicht. Dennoch müssen Sie als Führungskraft im Blick haben, dass Aufgabenkonflikte trotz der potenziell leistungsfördernden Auswirkungen immer auch einen negativen Effekt auf das Wohlbefinden der Mitarbeiten haben können (De Dreu 2006; De Dreu und Weingart 2003).

Wegge und Kollegen konnten positive Auswirkungen von Altersdiversität belegen: Wird **Altersdiversität** wertgeschätzt, sodass die Teammitglieder einen Mehrwert in der Zusammenarbeit jüngerer und älterer Kollegen sehen, hat dies auch einen positiven Effekt auf die **Arbeitszufriedenheit** der Teammitglieder (Wegge und Jungmann 2015; Wegge et al. 2011).

Altersdiversität in Teams als Risiko
Ist **Altersdiversität salient▲** und es herrscht zudem ein **negatives Teamklima** und **Vorurteile sind vorhanden,** kann es zu **Beziehungskonflikten** kommen: Differenzen, die sich nicht auf die Arbeitsaufgabe als solche, sondern auf die Personen beziehen (Jehn 1995; Jehn und Mannix 2001). Diese emotionalen Konflikte beeinflussen die **Gruppeneffektivität negativ** und vermindern auch das Wohlbefinden der einzelnen Teammitglieder (De Dreu und Weingart 2003; De Wit et al. 2012).

Ähnliche Ergebnisse findet die ADIGU-Forschungsgruppe: Herrscht in einem Team **kein positives Teamklima** und treffen auch andere im **ADIGU-Modell▲** benannte hilfreiche Faktoren (Wertschätzung für Altersunterschiede, geringe Vorurteile gegenüber Älteren) nicht zu, ist **Altersdiversität in Teams** eher **mit einer geringeren Leistung** (Joshi und Roh 2009), **schlechterer Kommunikation** und einer **höheren Fluktuationsrate** verbunden (z. B. Wegge et al. 2012).

Dieser Effekt ist auch aus der Gruppenforschung[2] bekannt: Saliente▲ Unterschiede können die Zusammenarbeit in Gruppen behindern (Jehn et al. 1999).

Wenn Sie es als Führungskraft „nur" mit dem *einen* Diversitätsmerkmal Alter zu tun haben, dann lässt sich das mit den oben benannten Faktoren managen: Teamklima, Wertschätzung für Altersheterogenität, Abbau von Vorurteilen gegenüber Älteren. Zusätzlich herausfordernd wird es, wenn weitere Unterschiede hinzukommen wie z. B. das Geschlecht, weil Sie dann nicht nur gegen ein Stereotyp „ankämpfen" müssen, sondern es mit mehreren Vorurteilen gleichzeitig zu tun haben können (bzgl. des Geschlechts finden Sie weitere Hinweise in Abschn. 3.5).

---

[2] Bei weiterem Interesse dazu schauen Sie gerne in unseren Selbstcoaching-Kalender zum Thema „Kooperation" (Ryschka et al. 2014).

4.2 Teamklima als Schlüsselfaktor

Handlungsempfehlungen

- Als Führungskraft liegt es nicht nur in Ihrer Verantwortung, die Potenziale, die in altersgemischten Teams liegen, bestmöglich zu nutzen. Vielmehr müssen Sie zunächst einmal dafür Sorge tragen, dass sich das **Diversitätsmerkmal Alter nicht negativ auf das Team und die einzelnen Teammitglieder auswirkt.**
- Auf die Altersstruktur selbst haben Sie als Führungskraft meist wenig Einfluss. Aber Sie können auf drei wesentliche Faktoren für die Effektivität von Teams einwirken:

  1. **Gestalten Sie ein positives Teamklima** (siehe dazu auch das nächste Abschn. 4.2),
  2. **fördern Sie die Wertschätzung von Heterogenität** in Ihrem Team, z. B. indem Sie betonen, wie bereichernd Sie es finden, mit Menschen unterschiedlichen Alters zusammenzuarbeiten (siehe dazu auch Abschn. 4.3), und
  3. **bauen Sie Altersvorurteile bei sich und Ihren Mitarbeitern ab** (siehe dazu auch Abschn. 3.5).

4.2 Teamklima als Schlüsselfaktor

Zusammenfassung 4.2

Untersuchungen zu Altersheterogenität in Gruppen zeigen einen interessanten Moderatoreffekt (siehe Abb. 4.2). **Wenn das Teamklima positiv ausgeprägt ist, steigt die Innovationsleistung mit der Altersheterogenität an.** Bei einem negativen Teamklima sinkt sie demgegenüber ab und es kann zu erhöhter emotionaler Erschöpfung (der Kernfacette des Burnouts) kommen (Ries et al. 2010). Ein positives Teamklima ist also eine elementare Stellschraube, die Sie als Führungskraft ganz bewusst gestalten können. In diesem Kapitel erfahren Sie, wie Sie sogenannte Shared Mental Models▲ etablieren, über Kooperation ins Gespräch kommen, einen Teamcheck machen und Teamregeln etablieren können.

In Ergänzung zu den Ausführungen aus dem vorherigen Kapitel, die ein positives Teamklima als hilfreichen Faktor dafür postulieren, dass Altersheterogenität in Gruppen keine negativen, sondern sogar positive Effekte haben kann, konnten Ries et al. (2010) interessante Zusammenhänge aufzeigen (siehe Abb. 4.2):

- Wenn das Teamklima positiv ausgeprägt ist, ist die **Innovationsleistung altersgemischter Teams höher als die homogener Teams.** Die Chancen, die in der Unterschiedlichkeit der Teammitglieder liegen – z. B. das breite Erfahrungswissen älterer Teammitglieder und die bessere Informationsverarbeitungskapazität jüngerer Teammitglieder – können dann bestmöglich genutzt werden.
- In Teams mit hoher Altersheterogenität und einem schlechten Teamklima fallen die **Erschöpfungswerte** bedeutend höher, also negativer, aus als in

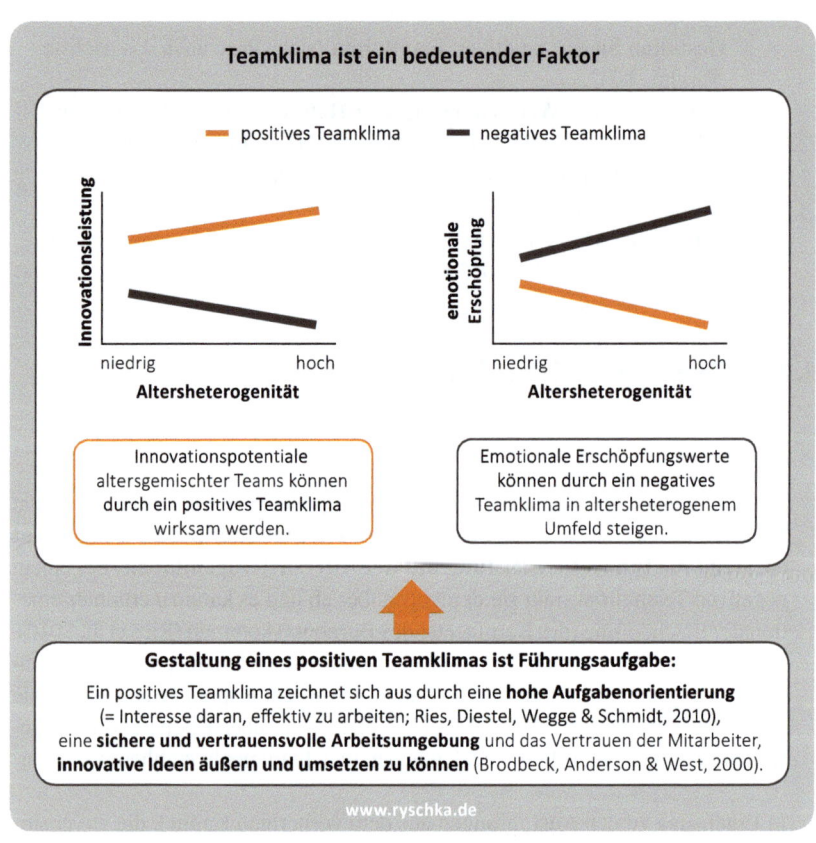

Abb. 4.2 Teamklima ist ein bedeutender Faktor. Mit freundlicher Genehmigung von ©Organisationsentwicklung Ryschka, www.ryschka.de 2019. All Rights Reserved

4.2 Teamklima als Schlüsselfaktor

altersheterogenen Teams mit einem positiven Teamklima. In Teams mit positivem Teamklima sind die Erschöpfungswerte in altersheterogenen Teams sogar niedriger als bei altershomogenen Teams (mit positivem Teamklima) – möglicherweise weil altersgemischte Gruppen von den unterschiedlichen Erfahrungen, Lebensphasen und Bedürfnissen der einzelnen Teammitglieder profitieren.

> **Handlungsempfehlungen**
>
> - Gestalten Sie ein **positives Teamklima,** das sich auszeichnet durch eine **hohe Aufgabenorientierung** (= Interesse daran, effektiv zu arbeiten; Ries et al. 2010), eine **sichere und vertrauensvolle Arbeitsumgebung** und das Vertrauen der Mitarbeiter, **innovative Ideen äußern und umsetzen zu können** (Brodbeck et al. 2000). Dann besteht die Chance auf innovative Leistungen in altersgemischten Gruppen, die die Innovationen altershomogener Teams mit positivem Teamklima sogar übersteigt.
> - Für die **Verbesserung des Teamklimas** finden sich Ansatzpunkte im **Teamklimainventar** von Brodbeck et al. (2000). Die Autoren beschreiben vier Bestandteile eines guten Teamklimas, aus denen sich Handlungsempfehlungen für Führungskräfte ableiten lassen.
>   - **Vision:** Entwickeln Sie eine Teamvision (i. S. v. Zielen, übergeordneten Leitmotiven und Plänen) und diskutieren Sie diese im Team, damit die Vision allen klar ist. Vermutlich haben Sie die Vorstellung, „wohin die Reise gehen soll", bereits entwickelt und mit ihren Mitarbeitern geteilt. Diese gemeinsame Orientierung hat nicht nur einen Effekt auf die Aufgabenerfüllung, sondern wirkt sich auch positiv auf Stimmung und Motivation bzgl. des Zusammenwirkens aus.
>   - **Aufgabenorientierung:** Schaffen Sie eine Atmosphäre, in der sich alle um hohe Leistung und Qualität bei der gemeinsamen Zielerreichung bemühen. Regen Sie zu kontinuierlicher Reflexion und Evaluation an, fördern Sie gegenseitige Unterstützung und konstruktive Diskussionen.
>   - **Partizipative Sicherheit:** Fördern Sie die partizipative Sicherheit im Team durch 1.) Schaffung von Einflussmöglichkeiten der Teammitglieder bei Entscheidungen, 2.) guten Informationsaustausch,

> 3.) Möglichkeiten zur Kontaktpflege (vor allem informeller Art) untereinander sowie 4.) Schaffung eines Umfeldes, das als wenig bedrohlich erlebt wird und in dem neue Ideen geteilt sowie neue Dinge ausprobiert werden können, ohne Sorge haben zu müssen, töricht zu wirken.
> – **Unterstützung für Innovation:** Fördern Sie die Bereitschaft im Team (auch Ihre!), Innovationen zu durchdenken und umzusetzen.

Darüber hinaus möchten wir Ihnen auf den folgenden Seiten einige Methoden vorstellen, mit denen Sie das **Teamklima in Ihrem Team zum Thema machen und gemeinsam daran arbeiten können**, z. B. im Rahmen eines Teamworkshops:

- In Abschn. 4.2.1 finden Sie Ideen für die **Entwicklung eines Shared Mental Models▲**, eines geteilten mentalen Modells bzgl. gemeinsamer Ziele, Rollen, Aufgaben und Zusammenspiel.
- In Abschn. 4.2.2 finden Sie Anregungen, um mit Ihrem Team über **Kooperation** ins Gespräch zu kommen. Die Arbeit am Zusammenwirken hat natürlich auch einen Effekt auf die partizipative Sicherheit in Ihrem Team.
- In Abschn. 4.2.3 stellen wir Ihnen zwei Varianten für einen einfachen **Teamcheck** vor – eine kurze Reflexion des Zusammenwirkens.
- In Abschn. 4.2.4 geht es um das Aufstellen von **Teamregeln.**

Sie können sich bei der Durchführung der auf den folgenden Seiten beschriebenen Workshops in Ihrem Team **nach Bedarf** auch von einem **neutralen Moderator unterstützen** lassen. So haben Sie selbst den Kopf frei für die inhaltlichen Themen und müssen nicht in der Doppelrolle „Führungskraft" und „Moderator" agieren.

4.2.1 Shared Mental Models▲

Indem Sie Shared Mental Models▲ gestalten und ein gemeinsames Verständnis über Teamziele, Aufgaben, Prozesse und die Zusammenarbeit etablieren, wird für **Aufgabenklarheit** gesorgt und das mögliche **Risiko für Aufgabenkonflikte reduziert.**

Ein gemeinsames Verständnis im Team – d. h. ein gemeinsames mentales Modell – hilft dabei, dass alle im Team am selben Strang ziehen und die **gleiche „innere Landkarte"** benutzen. Je nach Anforderungen, Aufgabenstellung, Arbeitsteilung etc. sind andere Aspekte für das gemeinsame mentale Modell von höherer Bedeutung.

4.2 Teamklima als Schlüsselfaktor

1. **Ziele:** Was sind die Ziele Ihrer Organisationseinheit?
2. **Prozesse und Aufgaben, Zuständigkeiten und Schnittstellen:** Was sind die Kernaufgaben und wie sollen diese erledigt werden? Wer ist für welche Tätigkeiten verantwortlich und wie sieht das Zusammenspiel in der Prozesskette aus?
3. **Zusammenarbeit:** Wie soll die Zusammenarbeit idealerweise aussehen?[3]

Handlungsempfehlungen

- Reflektieren Sie zunächst für sich alleine die folgenden Fragen und entwickeln Sie eine erste Version eines **mentalen Modells:**
  – Was sind die Ziele Ihrer Organisationseinheit?
  – Wie soll Ihre Organisationseinheit idealerweise funktionieren?
  – Wie sehen Strukturen, Prozesse, Aufgaben und Zuständigkeiten sowie Schnittstellen aus?
  – Welches Verständnis brauchen Sie in Ihrem Team, um erfolgreich arbeiten zu können?
  – Mit welchem emotionalen „Bild" können Sie Ihre Mitarbeiter gewinnen?
- **Visualisieren** Sie die wichtigsten Vorstellungen (auf Flipchart, Poster etc.). **Stellen Sie die entwickelten Vorstellungen Ihrem Team vor** und kommen Sie mit Ihrem Team darüber ins Gespräch.
- Das vorgestellte Modell kann z. B. von Ihren Mitarbeitern zunächst mit Klebepunkten und Kärtchen **schriftlich kommentiert** werden. Anregungen hierfür finden Sie in Abb. 4.3.
- Im Anschluss diskutieren Sie Schritt für Schritt mit Ihrem Team die Kommentierungen und klären die Fragen – dies ist der **Kernschritt zur Entwicklung** eines gemeinsamen mentalen Models. Hierbei ist es wichtig, dass Sie sich Zeit nehmen, unterschiedliche Meinungen anzuhören. Seien Sie sich im Vorfeld im Klaren, was aus Ihrer Sicht „gesetzt" ist und an welchen Stellen Änderungen und Anpassungen möglich sind. Halten Sie Anpassungen auf den Postern/Flipcharts fest.
- Auf diese Weise wird das gemeinsame Verständnis geschärft und schließlich verabschiedet.
- Im Nachgang zum Workshop wird das finale Modell allen Teammitgliedern zur Verfügung gestellt – mit einem Dank für den konstruktiven Workshop.

---

[3] Teambezogenes Reflexionsverhalten lässt sich gezielt steigern. Ellwart et al. (2016) konnten zeigen, dass mit Hilfe eines Online-Tools Shared Mental Models▲ geschärft wurden. Studentische Arbeitsgruppen wurden während eines Arbeitsprozesses regelmäßig mit Übereinstimmungen und Unstimmigkeiten innerhalb der Verantwortlichkeiten, Strategien oder Informationsvermittlung konfrontiert und so zu einem regelmäßigen Austausch über Ziele, Aufgaben, Prozesse und Zusammenarbeit angeregt.

Abb. 4.3 Shared Mental Model diskutieren. Mit freundlicher Genehmigung von ©Organisationsentwicklung Ryschka, www.ryschka.de 2019. All Rights Reserved. Download möglich

4.2.2 Kooperation

Kommen Sie mit Ihren Mitarbeitern über Kooperation ins Gespräch
Reflektieren Sie, wie Sie im Team miteinander umgehen und was Sie (zukünftig) tun wollen, damit

- ein **konstruktives Miteinander** herrscht,
- Ihre Mitarbeiter sich **gegenseitig unterstützen,**
- Probleme und **Konflikte offen angesprochen** und **gelöst** werden und schließlich
- die **Aufgaben effizient** erledigt werden.

Handlungsempfehlungen

- Klären Sie zunächst für sich die folgenden Fragen:
  - Wie ist die **Stimmung** im Team?
  - Wie gerne gehen Ihre Mitarbeiter zur Arbeit?
  - Wie sehr „ziehen alle an einem Strang"?
  - Wie sehr **unterstützen** sich Ihre Mitarbeiter untereinander?
  - Wie wird mit **Konflikten** im Team umgegangen?
  - Wie werden Probleme angesprochen? Welche (institutionalisierten) Möglichkeiten gibt es dafür?
  - Wie reibungslos und effizient ist das Zusammenspiel?
  - Was läuft schon gut, worin bestehen (noch) **Reibungsverluste?**
  - Welche Möglichkeiten schaffen Sie, dass Ihre Mitarbeiter **miteinander kommunizieren** und sich kennen lernen – über die reine Arbeit hinaus?
  - Wie viel Raum haben **private Themen** im Team und mit Ihnen als Führungskraft?
  - Wie werden **neue Teammitglieder** aufgenommen?
  - **Was schätzen** ehemalige Mitarbeiter, Praktikanten etc. **an der Zusammenarbeit** in Ihrem Team?
- Reflektieren Sie gemeinsam mit Ihrem Team, wie die Kooperation erlebt wird, wie zufrieden die Teammitglieder mit der gegenseitigen Unterstützung sind und welches Konfliktpotenzial besteht. Eine erste Reflexion können Ihre Mitarbeiter in Kleingruppen vornehmen, um diese anschließend mit allen zu teilen.
- Entwickeln Sie ein gemeinsames mentales Modell zur Zusammenarbeit, das beschreibt, wie Sie im Team miteinander umgehen wollen (siehe vorheriges Abschn. 4.2.1).
- Thematisieren Sie **Erwartungen,** die Sie aneinander bzgl. **Kooperation** haben und prüfen Sie bei **Konflikten,** ob implizite Erwartungen ggf. enttäuscht wurden.[4]

---

[4] Zur Vertiefung empfehlen wir hier Solga und Ryschka (2013) zum Thema „Gestaltung psychologischer Kontrakte".

- Entwickeln Sie **Regeln für die Zusammenarbeit** und formulieren Sie dabei auch Vorgehensweisen für den Umgang mit Differenzen und Problemen (siehe Teamregeln in Abschn. 4.2.4).

4.2.3 Teamcheck

Wie können Sie auf unkomplizierte Art und Weise einen kurzen Teamcheck mit Ihrem Team machen?

Eine **Reflexion über das Teamklima** findet unserer Erfahrung nach meist nicht strukturiert und regelmäßig statt. Die Stimmung im Team wird häufig erst dann zum Thema, wenn es schon „schiefläuft". Wir erleben, dass Führungskräfte zum Teil verunsichert sind, ob sie die Stimmung im Team wirklich ansprechen sollten, ob sich solch ein vermeintlich „weiches" Konstrukt wie das Teamklima überhaupt besprechen lässt und wie man dies messbar machen kann. Unsere Haltung dazu: Sie können das Teamklima nicht nur ansprechen – es ist Ihre **Führungsaufgabe**, genau dies auch zu tun.

Im Folgenden stellen wir Ihnen zwei **pragmatische und unkomplizierte Möglichkeiten** vor, über die Zusammenarbeit im Team zu sprechen. Wir möchten Sie dazu anregen, das Teamklima **präventiv und kontinuierlich** mit Ihrem Team zu thematisieren – auch (und gerade auch!) in „guten Zeiten".

Handlungsempfehlungen

Variante 1: Säulendiagramm

- Definieren Sie eine Frage in dem für Sie relevanten Themenbereich: z. B. *„Wie zufrieden sind Sie mit Ihrer Arbeit insgesamt?", „Wie geht es Ihnen gerade im Veränderungsprozess?"*
- Schreiben Sie die **Frage auf ein Flipchart** und **malen Sie eine Säule auf** – ein positiver Smiley an dem einen Ende der Säule, ein negativer Smiley an dem anderen Ende. Alternativ können Sie eine Skala von 1-10 oder mit Prozentangaben nutzen (siehe Abb. 4.4).
- Ihre **Mitarbeiter markieren** mit Klebepunkten (oder mit einem „X" mit einem Flipchartmarker) einzeln und verdeckt (Flipchart umdrehen!) ihre Einschätzung.
- Anschließend besprechen Sie gemeinsam das Ergebnis (siehe Abb. 4.5):
  - *„Was trägt dazu bei, dass der **Füllstand der Säule** schon so gut ist, wie er gerade ist?"*
  - *„Was fehlt derzeit (noch) zu einer **weiteren Füllung der Säule**? Welche Ideen gibt es dazu im Team?"*
- Halten Sie die Ergebnisse auf einem Flipchart fest.

4.2 Teamklima als Schlüsselfaktor

Abb. 4.4 Teamcheck. Mit freundlicher Genehmigung von ©Organisationsentwicklung Ryschka, www.ryschka.de 2019. All Rights Reserved. Download möglich

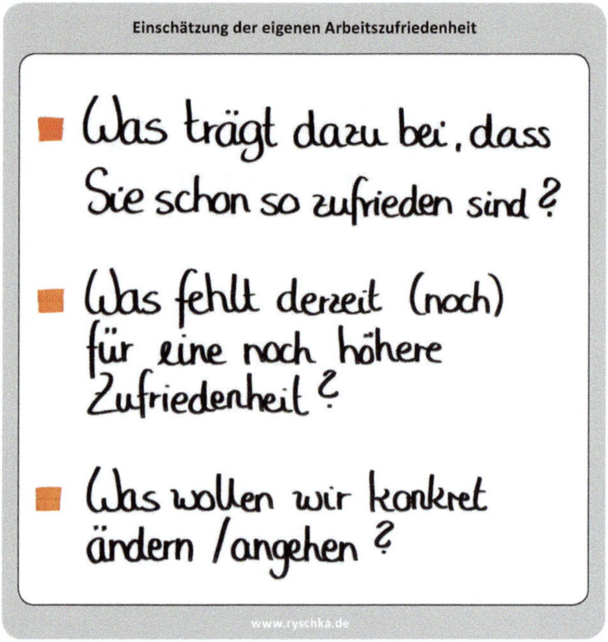

> **Einschätzung der eigenen Arbeitszufriedenheit**
>
> ■ Was trägt dazu bei, dass Sie schon so zufrieden sind?
>
> ■ Was fehlt derzeit (noch) für eine noch höhere Zufriedenheit?
>
> ■ Was wollen wir konkret ändern / angehen?
>
> www.ryschka.de

Abb. 4.5 Einschätzung der eigenen Arbeitszufriedenheit. Mit freundlicher Genehmigung von ©Organisationsentwicklung Ryschka, www.ryschka.de 2019. All Rights Reserved. Download möglich

---

Handlungsempfehlungen

Variante 2: Kartenabfrage

- Überlegen Sie sich den für Sie **relevanten Themenbereich**, z. B. Kooperation im Team oder Stimmung. Formulieren Sie daraufhin die beiden Fragen: „*Was läuft bei uns schon gut hinsichtlich _____?*", „*Was läuft bei uns (noch) nicht so gut hinsichtlich _____?*"
- Schreiben Sie die beiden Fragen (ggf. mit weiteren Ausführungen) auf ein Flipchart und teilen Sie grüne und orange **Moderationskarten** und Stifte aus.
- Ihre Mitarbeiter schreiben (ggf. in Kleingruppen) nun Stichworte zu den beiden Fragen auf die Karten: **grün = *was läuft schon gut*, orange = *was läuft (noch) nicht so gut*.**
- Ihre Mitarbeiter stellen die Karten vor und erläutern diese.
- Sie **clustern** gemeinsam die **Karten nach Oberkategorien** und leiten – wenn nötig – **Maßnahmen** ab und halten diese auf einem Flipchart fest.

4.2.4 Teamregeln

**Teamregeln schaffen Klarheit darüber, wie der Umgang miteinander aussehen soll
Besprechen Sie die (scheinbaren) Selbstverständlichkeiten mit Ihrem Team und etablieren Sie ein Commitment dazu.**
Gemeinsam diskutierte Regeln können dazu dienen, implizite Erwartungen an andere (die „scheinbaren Selbstverständlichkeiten") explizit zu machen. Darüber hinaus schaffen Teamregeln Orientierung, wie man sich als Teammitglied verhalten kann und reduzieren somit Unsicherheiten – dies ist gerade auch für neue Teammitglieder eine Hilfe. Transparente und von allen Teammitgliedern „abgesegnete" Regeln schaffen zudem eine Legitimationsbasis für alle, sich untereinander darauf hinzuweisen, wenn von diesen Vereinbarungen abgewichen wird. Das Diskutieren (Variante 1) oder das gemeinsame Entwickeln von Regeln (Variante 2) erhöht zudem das Commitment aller zu den Regeln und macht die Verantwortlichkeit jedes Einzelnen für ein gutes Miteinander deutlich.

Handlungsempfehlungen

Variante 1: Sie erarbeiten als Führungskraft einen Vorschlag an Vereinbarungen

- Sie definieren für Sie **wichtige Teamregeln,** schreiben diese **auf ein Flipchart** und stellen Sie dem Team vor.
- Die Teammitglieder können diese **mit Klebepunkten und Kärtchen** wie in Abb. 4.6 **kommentieren** (siehe auch Abschn. 4.2.1).
- Diskutieren Sie die Kommentierungen im Team.
- Verabschieden Sie die Regeln: **Verschriftlichen Sie Änderungen** auf einem neuen Flip. Wenn alles passend erscheint, können alle Teammitglieder dieses Flip als offenes Commitment unterschreiben.

Handlungsempfehlungen

Variante 2: Sie erarbeiten gemeinsam im Team Vereinbarungen
Je schlechter es in Ihrem Team läuft, umso eher werden Sie eine Richtung bzgl. der Zusammenarbeit vorgeben wollen. Ist die Stimmung in Ihrem Team grundsätzlich gut und haben Sie proaktive und gestaltungsfreudige

Mitarbeiter,[5] spricht nichts dagegen, die Regeln von Ihrem Team erarbeiten zu lassen. Natürlich müssen Sie sich die „Joker-Rolle" bewahren: Wenn Regeln nicht zielführend oder nicht in Ihrem Sinne sind, dann müssen Sie dies einbringen. Wichtig ist es, in so einem Fall transparent zu machen, *warum* eine Regel oder eine Formulierung so für Sie nicht passt bzw. welche Regeln aus Ihrer Sicht noch ergänzt werden müssen.

Falls Sie sich für diese Variante entscheiden sollten, müssen Sie wesentlich mehr Zeit einplanen. Wir empfehlen zudem, einen neutralen Moderator hinzuzuziehen, der den Prozess steuern kann, ohne inhaltlich befangen zu sein.

- Alle Teammitglieder inklusive Ihnen schreiben wichtige **Regeln auf Karten** (eine Regel pro Karte). Bei mehr als 7-8 Mitarbeitern kann dies auch in Kleingruppen erfolgen.
- Alle Vorschläge werden vorgestellt und **gemeinsam geclustert.**
- **Gemeinsamkeiten und Unterschiede** der Vorschläge werden diskutiert und **Formulierungen erarbeitet, die alle mittragen können.**
- Verabschieden Sie die Regeln: **Verschriftlichen Sie die Regeln,** auf die Sie sich verständigt haben, auf einem neuen Flip. Wenn alles passend erscheint, können alle Teammitglieder dieses Flip als offenes Commitment unterschreiben.

Wenn Sie das Thema „Teamklima gestalten" vertiefen möchten, empfehlen wir Ihnen als **weiterführende Literatur** van Dick und West (2005) und das populärwissenschaftliche Buch *The culture code* von Coyle (2018). Coyle stellt – wenn auch vor allem auf den amerikanischen Kontext bezogen – drei Bausteine der Kultur erfolgreicher Teams dar, indem sich auch die o. g. Dimensionen von Brodbeck et al. (2000) wiederfinden: 1.) building safety = das Etablieren von

---

[5] Grant konnte in einer Feldstudie und einem Laborexperiment zusammen mit Kollegen (2011) folgende Effekte bzgl. der **situativen Angemessenheit von Führungsverhalten** nachweisen: Besteht ein Team aus proaktiven Mitarbeitern, ist es eher schädlich, wenn Führungskräfte viel Einfluss nehmen und ihren eigenen Standpunkt deutlich vertreten. Teams mit proaktiven Mitarbeitern funktionieren besser mit Führungskräften, die offen für Vorschläge aus dem Team sind. Sind die Mitarbeiter jedoch eher passiv, ist ein richtungsgebender, inspirierender Führungsstil hilfreicher.

4.2 Teamklima als Schlüsselfaktor

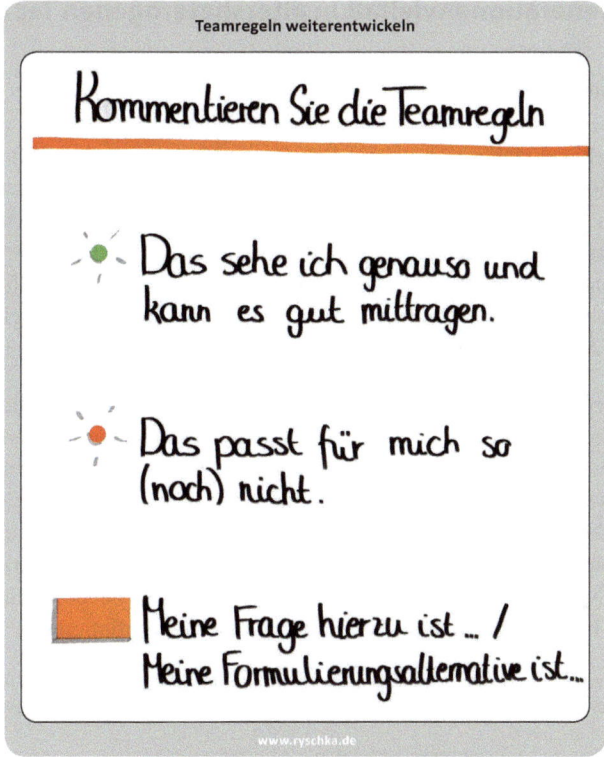

Abb. 4.6 Teamregeln weiterentwickeln. Mit freundlicher Genehmigung von ©Organisationsentwicklung Ryschka, www.ryschka.de 2019. All Rights Reserved. Download möglich

psychologischer Sicherheit,[6] 2.) sharing vulnerability = das Schaffen von **Vertrauen** in einem Team durch das offene Teilen von eigenen Unsicherheiten und Unzulänglichkeiten (auch durch die Führungskraft!), 3.) establishing purpose = das Entwickeln und Teilen einer **gemeinsamen Vision**.

---

[6] Psychologische Sicherheit bzw. psychological safety ist ein Teamkonstrukt, das maßgeblich von der Psychologin Edmondson geprägt wurde (z. B. Edmondson 1999). Psychologische Sicherheit bezeichnet die von allen Teammitgliedern geteilte Überzeugung, dass sie in dem Team sicher sind, auch wenn sie Fehler machen, von der vorherrschenden Meinung abweichen, Kritik äußern etc. Alle Personen fühlen sich respektiert und wertgeschätzt und müssen nicht fürchten, von der Gruppe bloßgestellt oder ausgeschlossen zu werden. Psychologische Sicherheit ist somit auch ein Teil der von Brodbeck et al. (2000) benannten partizipativen Sicherheit (siehe Abschn. 4.2).

4.3 Generationenvielfalt in altersheterogenen Teams

Zusammenfassung 4.3

In einem altersgemischten Team sind **verschiedene Generationen mit unterschiedlichen Erfahrungen, Vorstellungen und Werten** vertreten. Begriffe wie Generation Baby-Boomer oder Generation X, Y, Z (siehe Abb. 4.7) treten nicht nur häufig in der populärwissenschaftlichen Literatur auf, sondern sind auch Thema in der empirischen Forschung (vgl. z. B. Bruch et al. 2010). Die Herausforderung für Teams und Führungskräfte besteht darin, sich nicht von Stereotypen über Generationen leiten zu lassen, sondern diese kritisch zu hinterfragen und zugleich einen **offenen Austausch zwischen verschiedenen Generationen** zu ermöglichen.

Altersheterogene Teams bedeuten zugleich auch Generationenvielfalt
Bei dem Thema Stereotype (vgl. Abschn. 3.5) geht es nicht nur um Vorurteile gegenüber Älteren und Jüngeren, sondern auch um Klischees bzgl. Generationen. Wirtschaftswunder-Generation, Babyboomer-Generation, Generation Golf, Generation Y, Generation Z, Internet-Generation, Millennials – dies sind nur ausgewählte Beispiele für in der westlichen Welt gängige **Bezeichnungen von Alterskohorten.** Neben dem chronologischen Alter und damit verbundenen Stereotypen **herrschen in den Köpfen auch Ideen über ganze Generationen vor.**

„Die Menschen aus der Internetgeneration wachsen mit den Medien auf und sind sehr technikaffin, können zugleich aber nicht mehr ohne digitale Unterstützung leben und kommunizieren."
„Für die heutige Jugend zählt nur noch Spaß im Job."
„Die alten Babyboomer besetzen wichtige Posten in Unternehmen und sind dort nicht wegzubekommen – auch wenn sie schlechte Leistung zeigen."

Solche Haltungen können das reine Altersthema zusätzlich verschärfen. **Dabei ist der Zugang über das Thema „Generationen" eigentlich mit Chancen und Erfahrungszuwachs verbunden!**

Handlungsempfehlungen

- **Reflektieren Sie** – gerne gemeinsam mit Freunden, Familie, Partner, Kollegen etc. – was für Sie und Ihre **Generation prägend** war. Betrachten Sie dabei: historische Ereignisse, Musik, gesellschaftliche Themen, Arbeitsmarkt und Wirtschaft, Politik, Organisations- und Managementprinzipien, Bücher, Filme etc.
- Welche **Einstellungen und Werte** sind aus diesen Erfahrungen für Ihre Generation entstanden? Was zeichnet Ihre Generation aus?

Abb. 4.7 Generationsvielfalt – Vorsicht Vorurteile! Mit freundlicher Genehmigung von ©Organisationsentwicklung Ryschka, www.ryschka.de 2019. All Rights Reserved

Genau dies können spannende Fragen sein, um auch mit Ihren Mitarbeitern und Kollegen über die Themen Alter und Generationen ins Gespräch zu kommen, um so das gegenseitige Verständnis zu fördern[7] – ausgesucht hat sich die eigene Generation schließlich niemand! Und nicht nur das Verständnis für die Kollegen anderen Alters kann dadurch gesteigert werden: Der Austausch über die unterschiedlichen Generationen – in Erinnerungen schwelgen und andere an den Erlebnissen teilhaben lassen – hat häufig einen positiven Effekt auf die Stimmung. Im Folgenden möchten wir Ihnen **Instruktionen für einen Teamworkshop zum Thema Generationenvielfalt** vorstellen.

Handlungsempfehlungen

- Werfen Sie einen Blick auf die **Generationenaufteilung** in Abb. 4.7 und teilen Sie sich dementsprechend in Gruppen auf.
- **Diskutieren Sie in Ihren Kleingruppen** die Fragen in Abb. 4.8, wie z. B. welche Werte und Einstellungen sich aus den Erfahrungen Ihrer Generationen entwickelt haben könnten.
- Tauschen Sie sich anschließend in der Gesamtgruppe zu den unterschiedlichen Generationen aus. Lassen Sie sich **von der jeweiligen Generation auf eine Zeitreise mitnehmen** und erfahren Sie, was für sie prägend war.
- Schauen Sie sich gemeinsam **Stereotype**[8] **gegenüber verschiedenen Generationen** und Altersklassen an – negative wie auch positive (siehe Abb. 3.5). Überlegen Sie gemeinsam, welche Zusammenhänge es ggf. zwischen den Vorurteilen gegenüber den Altersklassen und der Prägung der Generationen gibt.

Natürlich sind die Generationenbegriffe nicht unkritisch zu sehen. Das wird auch durch Forschung bestätigt: Giesenbauer et al. (2017)[9] befragten Beschäftigte dreier unterschiedlicher Generationen (Babyboomer, X und Y) zu ihrem Selbst- und

---

[7] Wenn Sie Ihre Mitarbeiter dazu anregen möchten, sich zum Thema Stereotype, Generationen oder ganz allgemein „jung und alt" Gedanken zu machen, bietet sich der Selbstcoachingkalender „Jung & Alt" (Ryschka et al. 2019) an.

[8] Eine **Alternative zum Teamworkshop** mit dem Einstieg über die Generationen kann der **Fokus auf Stereotype** sein: Teilen Sie sich in eine jüngere und eine ältere Kleingruppe auf. Sammeln Sie in Ihren Kleingruppen Stereotype gegenüber der anderen Altersgruppe. Tauschen Sie sich danach im gesamten Team über die Stereotype aus.

[9] Auf diese Studie haben wir auch bereits in Abschn. 3.2 hingewiesen.

4.3 Generationenvielfalt in altersheterogenen Teams

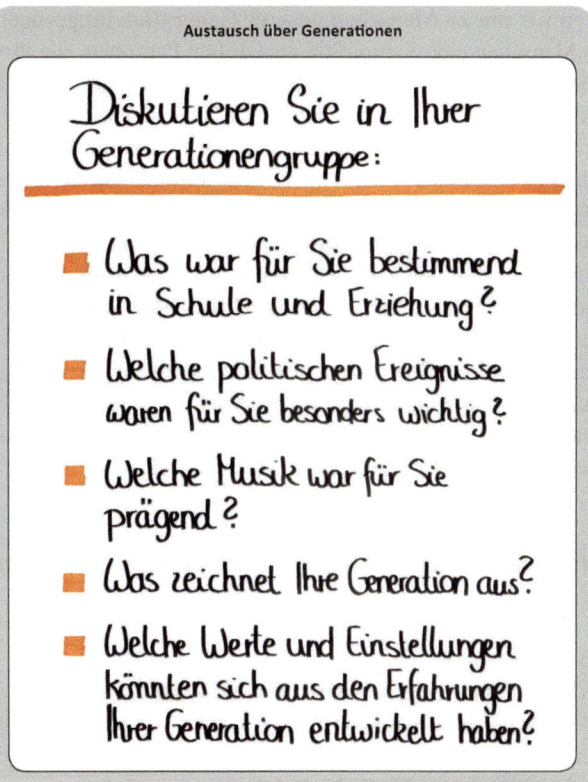

Abb. 4.8 Austausch über Generationen. Mit freundlicher Genehmigung von ©Organisationsentwicklung Ryschka, www.ryschka.de 2019. All Rights Reserved. Download möglich

Fremdbild. Das Ergebnis bestätigt tief verankerte Vorurteile: Während in der Fremdeinschätzung den unterschiedlichen Generationen stereotype Merkmale zugeschrieben wurden (Generation Y möchte nur Spaß, Generation X geht es um Anerkennung, Generation Babyboomer will Sicherheit), zeigte sich, dass sich die Generationen in der Selbsteinschätzung kaum unterscheiden. Alle drei legen besonderen Wert auf Freude und Spaß an der Arbeit sowie Mitgestaltungsmöglichkeiten. Bedenken Sie also, dass die **Vielfalt innerhalb einer Generation** groß ist und die Jahresgrenzen willkürlich gewählt werden. Generationsbegriffe können Ihnen als Führungskraft jedoch dabei helfen, mit anderen zu diesen Themen ins Gespräch zu kommen.

Wieso fühlen wir uns zu Menschen unserer Generation hingezogen?
Oft erleben Menschen eine **Sympathie gegenüber Personen, die ihnen ähnlich sind (Ähnlichkeits-Attraktivitäts-Paradigma▲**, Avery et al. 2008; Byrne 1971; Riordan und Shore 1997). So ist ein Gefühl der Nähe zu gleichaltrigen Menschen nicht ungewöhnlich, vor allem wenn bedacht wird, dass die Wahrscheinlichkeit erhöht ist, dass gleiche Lebenserfahrungen vorliegen und man sich somit auch eher **derselben Gruppe zugehörig fühlt (Theorie der sozialen Identität▲**, Tajfel und Turner 1986, und **Selbstkategorisierungs-Theorie▲**, Turner 1987).

Es geht darum, diese **Nähe zu schätzen** und zugleich **offen zu sein für die Lebenserfahrungen älterer und jüngerer Mitarbeiter und Kollegen** – ebenso wie natürlich **offen zu sein für andere individuelle Erfahrungen** von Menschen der gleichen Generation! Denn letztlich sind es vielmehr die **eigenen privaten Lebenssituationen** wie Kinder, Wohnortswechsel, Aktivitäten und Hobbies, Jobwechsel, Pflege von Angehörigen, Verlust von Menschen etc., die einen Einfluss auf uns haben als die „großen" zeitgeschichtlichen Ereignisse.

4.4 Wissensaustausch in altersheterogenen Teams

Zusammenfassung 4.4

Das **Modell des intergenerationalen Wissensaustausches** (Gerpott und Voelpel 2014; Newman und Hatton-Yeo 2008) betont, was in vorangegangenen Kapiteln schon thematisiert wurde: Vor allem in altersheterogenen Teams ist ein **Austausch über unterschiedliche Erfahrungen und Kompetenzen** wichtig (siehe Abb. 4.9). Entscheidend ist hierbei das Vermitteln von explizitem und implizitem Wissen **(voneinander lernen)**, ein positives Teamklima **(miteinander lernen)** und ein gegenseitiges Verständnis für Ereignisse, die die jeweilige Generation geprägt haben **(übereinander lernen)**.

Das **Modell des intergenerationalen Wissensaustausches** knüpft an die Ausführungen zum Thema Generationen in Abschn. 4.3 an. Unternehmen wollen wertvolles Erfahrungswissen ausscheidender Mitarbeiter in der Organisation sichern und gerade neuartige Aufgaben machen es erforderlich, dass eine große Bandbreite an Kompetenzen und Erfahrungen verschiedenster Menschen genutzt wird. Daher müssen sich Organisationen auch in Sachen **Wissensweitergabe** zunehmend **professionalisieren und systematisieren**. Das Modell des

4.4 Wissensaustausch in altersheterogenen Teams

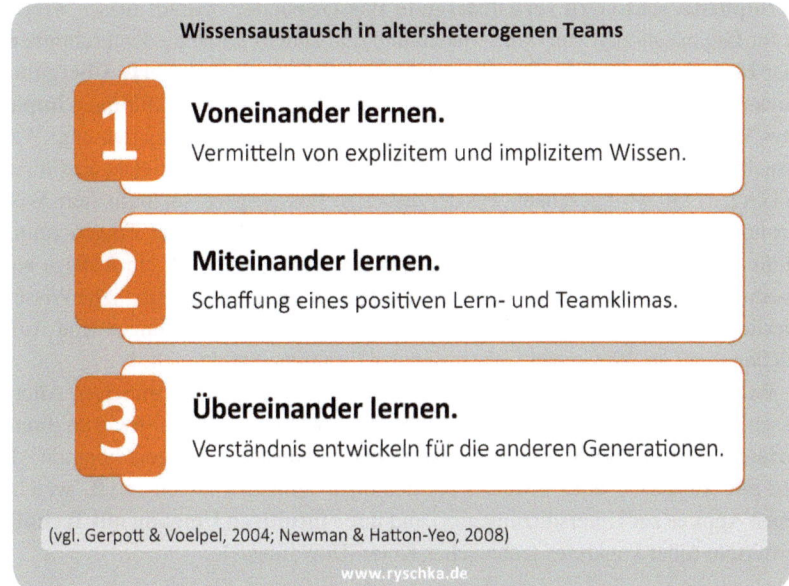

Abb. 4.9 Wissensaustausch in altersheterogenen Teams. Mit freundlicher Genehmigung von ©Organisationsentwicklung Ryschka, www.ryschka.de 2019. All Rights Reserved

intergenerationalen Wissensaustausches kann dabei als Grundlage dienen. Es unterscheidet im Wesentlichen die folgenden **drei Kategorien des altersübergreifenden Lernens** (Gerpott und Voelpel 2014; Newman und Hatton-Yeo 2008): 1.) voneinander lernen, 2.) miteinander lernen, 3.) übereinander lernen (siehe Abb. 4.9).

4.4.1 Voneinander lernen

Explizite, leicht verbalisierbare Wissensebene:[10] Ältere vermitteln Jüngeren im klassischen Sinne Fachkenntnisse sowie vorgegebene Prozesse und betriebsspezifisches Wissen. Jüngere können Älteren neueste wissenschaftliche/schulische Erkenntnisse vermitteln.

---

[10] Explizites Wissen: bewusste, verbalisierbare Fähigkeiten und Kompetenzen, kann dokumentiert und gespeichert werden, daten- und informationsbasiert. Beispiele: Arbeitsanweisungen, Abläufe im Betrieb, technische Spezifikationen.

Implizite, schwer zu verbalisierende Wissensebene:[11] Gerade dieses Wissen ist für Organisationen von hoher Bedeutung und zudem selten niedergeschrieben. Hier bieten sich vor dem Ausscheiden von Mitarbeitern **moderierte Übergabeworkshops** an, damit das wertvolle Wissen nicht verloren geht. Dafür muss **implizites Wissen expliziert** werden. Wir empfehlen die folgende Blickrichtung: Was braucht der (neue) Wissensnehmer an Wissen, um seine (neue) Tätigkeit ausführen zu können? Oft wird geschaut, was der bisherige Wissensgeber an implizitem Wissen hat. Da dies aber in der Regel unbewusst ist, geht bei dieser Fragerichtung häufig wichtiges Wissen verloren. Ein neutraler Moderator, z. B. ein Kollege aus einem anderen Team, kann dabei helfen, intensiv zu prüfen, ob das implizite Wissen wirklich ausreichend expliziert ist. Zudem bieten sich Beobachtungen (mit Aufzeichnungen) an: Wie genau verhält sich der Erfahrene/Erfolgreiche?

Wie können also jüngere und ältere Mitarbeiter voneinander profitieren? Ältere lassen Jüngere an ihrem **Fach- und Erfahrungswissen** teilhaben sowie an ihrem **sozialen Wissen und Netzwerkwissen** in der Organisation. Jüngere könnten Ältere am Austausch über neuere Lernmethoden teilhaben lassen (z. B. welche neuen Apps es zur Unterstützung gibt) und ihren **intuitiven Umgang mit Technik** vermitteln (über konkretes technisches Know-How hinaus).

Handlungsempfehlungen

- Sorgen Sie dafür, dass **betriebsspezifisches Wissen,** notwendige Fachkenntnisse und **Prozesse niedergeschrieben** und verfügbar sind.
- Unterstützen Sie das **Explizieren von implizitem Wissen,** z. B. durch moderierte Übergabeworkshops.

4.4.2 Miteinander lernen

Das Miteinanderlernen wird vor allem durch ein **positives Lernklima** sowie durch eine hohe individuelle **Motivation** zum gemeinsamen Lernen gestärkt. Die Förderungen beider Aspekte gehört zum **Aufgabengebiet** einer jeden Führungskraft.

---

[11] Implizites Wissen: verinnerlichtes Können, das häufig nicht ad hoc beschrieben und anderen erklärt werden kann *("Das mach ich halt so"),* Vorgehen erfolgt intuitiv, ist erfahrungsgebunden, schwieriger erlernbar, häufig personengebunden. Beispiel: Bewegungsabläufe bei Sportarten (z. B. Fahrradfahren), Beziehungsgestaltung mit einem „komplizierten" Kunden.

4.4 Wissensaustausch in altersheterogenen Teams

Ein hilfreiches Lernklima ist geprägt durch **Hilfsbereitschaft,** einen **engen Zusammenhalt** und ein hohes Maß an **Disziplin** der einzelnen Teammitglieder (i. S. v. geringen Fehlzeiten und Störungen). Gerpott und Voelpel (2014) beschreiben in ihrer Studie, dass das Miteinanderlernen von Jüngeren und Älteren auch

- positive Effekte auf die **individuelle Leistungsmotivation** haben kann (d. h. das innere Bestreben, seine Fähigkeiten und Leistungen fortwährend verbessern zu wollen) und zugleich
- die **Selbstwirksamkeitserwartung**▲ stärkt (d. h. die positive Überzeugung, Dinge zu schaffen und dass das eigene Handeln einen Einfluss auf das Ergebnis hat – nach dem Motto *„Je mehr ich lerne, umso eher verstehe ich dieses Aufgabengebiet und kann erfolgreich tätig sein",* Bandura 1977).

Handlungsempfehlungen

- **Fördern und „belohnen"** Sie als Führungskraft **Hilfsbereitschaft** in Ihrem Team.
- **Stärken Sie den Zusammenhalt im Team,** u. a. durch gemeinsame Ziele. Etablieren Sie ein „Wir-Gefühl", indem Sie gemeinsame Erlebnisse schaffen und gemeinsame Erfolge feiern (vgl. auch Abschn. 4.2).
- **Unterstützen Sie zusätzlich die Selbstwirksamkeitserwartung**▲ Ihrer Mitarbeiter, indem Sie schnell „kleine" Erfolge ermöglichen und Umfang und Schwierigkeit der Aufgabe dann nach und nach steigern. Sprechen Sie Ihr Zutrauen in die Fähigkeiten der Mitarbeiter aus.

4.4.3 Übereinander lernen

Wenn wir **übereinander lernen,** können wir Vorurteile gegenüber Älteren und Jüngeren abbauen sowie das eigene Selbstbild positiv verändern.

Die im Modell des intergenerationalen Wissensaustausches beschriebenen Ansätze des „übereinander Lernens" haben wir bereits an anderen Stellen (vgl. Abschn. 3.1, 3.2, 3.5 und 4.3) thematisiert und werden hier nur noch einmal zusammengefasst:

- Generationen erleben **unterschiedliche Ereignisse**, die sie prägen. Das können z. B. historische Geschehnisse wie der Kalte Krieg, aber auch technische Erneuerungen wie die Erfindung des Handys sein. Der **Austausch** über solche entscheidenden Erlebnisse kann **zu gegenseitiger Nachsicht** führen.
- Ältere merken im Laufe der Zusammenarbeit, dass Jüngere sehr wohl über **gute Fachkompetenz** verfügen und zur Selbststeuerung fähig sind wie auch Jüngere mit dem Vorurteil aufräumen können, dass Ältere nicht mehr so **leistungsfähig** seien.
- Durch den **Abbau von Vorurteilen** und **Aufbau von Wertschätzung füreinander** können sich ein erhöhtes gegenseitiges Verständnis (für die jeweiligen Kompetenzen, Erfahrungen, Bedürfnisse, Werte, Einschränkungen etc.) entwickeln und die Stärken und Schwächen der jeweiligen Altersgruppen anerkannt und dementsprechend berücksichtigt werden.

4.5 Fazit zum Führen von altersheterogenen Teams

Altersheterogene Teams: Mehrere Generationen müssen in Teams zusammenarbeiten

Handlungsempfehlungen

- **Altersheterogene Teams**, die ein **positives Teamklima** haben, zeigen eine **bessere Innovationsleistung** als altershomogene Teams mit einem positiven Teamklima. Hier finden sich zudem niedrigere Erschöpfungswerte (Kernfacette des Burnoutsyndroms). Als Führungskraft können Sie hierauf positiv einwirken, indem Sie für ein positives Teamklima sorgen, **Wertschätzung von Heterogenität** fördern und **altersbezogene Vorurteile** bei sich und Ihren Mitarbeitern **abbauen**.
- Hilfreiche Methoden hierfür sind **Shared Mental Models**▲ zu etablieren, **Kooperation im Team zu reflektieren**, **Teamchecks** vorzunehmen und **Teamregeln** zu entwickeln.
- Darüber hinaus können Sie mit Ihren Mitarbeitern über das Thema „**Generationen**" ins Gespräch kommen und den **Wissensaustausch im Team fördern** (voneinander, miteinander und übereinander lernen).

Literatur

Avery, A. D., McKay, P. F., & Wilson, D. C. (2008). What are the odds? How demographic similarity affects the prevalence of perceived employment discrimination. *Journal of Applied Psychology, 93*, 235–249.

Bandura, A. (1977). Self-efficacy: Towards a unifying theory and the organization. *Psychological Review, 84*, 191–215.

Brodbeck, F. C., Anderson, N., & West, M. A. (2000). *TKI – Teamklima-Inventar: Manual.* Göttingen: Hogrefe.

Bruch, H., Kunze, F., & Böhm, S. (2010). *Generationen erfolgreich führen – Konzepte und Praxiserfahrungen zum Management des demographischen Wandels.* Wiesbaden: Gabler.

Byrne, D. (1971). *The attraction paradigm.* New York: Academic Press.

Coyle, D. (2018). *The culture code: The secrets of highly successful groups.* New York: Bantam Books.

De Dreu, C. K. W. (2006). When too little or too much hurts: Evidence for a curvilinear relationship between task conflict and innovation in teams. *Journal of Management, 32*, 83–107.

De Dreu, C. K. W., & Weingart, L. R. (2003). Task versus relationship conflict, team performance, and team member satisfaction: A meta-analysis. *Journal of Applied Psychology, 88*, 741–749.

De Wit, F. R. C., Greer, L. L., & Jehn, K. A. (2012). The paradox of intragroup conflict: A meta-analysis. *Journal of Applied Psychology, 97*, 360–390.

Edmondson, A. (1999). Psychological safety and learning behavior in work teams. *Administrative Science Quarterly, 44*, 350–383.

Ellwart, T., Peiffer, H., Matheis, G., & Happ, C. (2016). Möglichkeiten und Grenzen eines Online Team Awareness Tools (OnTEAM) in Adaptationsprozessen. *Wirtschaftspsychologie, 18*, 5–15.

Gerpott, F., & Voelpel, S. (2014). Wer lernt was von wem? Wissensaustausch in altersgemischten Lerngruppen. *Personal Quarterly, 66*, 16–21.

Giesenbauer, B., Mürdter, A., & Stamov-Roßnagel, C. (2017). Die Generationendebatte – viel Lärm um nichts? *Wirtschaftspsychologie aktuell, 3*, 13–16.

Grant, A. M., Gino, F., & Hofmann, D. A. (2011). Reversing the extraverted leadership advantage: The role of employee proactivity. *Academy of Management Journal, 54*, 528–550.

Huber, K. H. (2013). Junge Führungskräfte – ältere Mitarbeiter. Veränderte Führungskonstellationen im Zuge des demografischen Wandels. *Personalführung, 7*, 44–50.

Jehn, K. A. (1995). A multimethod examination of the benefits and detriments of intragroup conflict. *Administrative Science Quarterly, 40*, 256–282.

Jehn, K. A., & Mannix, E. A. (2001). The dynamic nature of conflict: A longitudinal study of intragroup conflict and group performance. *Academy of Management Journal, 44*, 238–251.

Jehn, K. A., Northcraft, G. B., & Neale, M. A. (1999). Why differences make a difference: A field study of diversity, conflict and performance in workgroups. *Administrative Science Quaterly, 44*, 741–763.

Joshi, A., & Roh, H. (2009). The role of context in work team diversity research: A meta-analytic research. *Academy of Management Journal, 52*, 599–627.

Newman, S., & Hatton-Yeo, A. (2008). Intergenerational learning and the contributions of older people. *Ageing Horizons, 8,* 31–39.

Ries, B. C., Diestel, S., Wegge, J., & Schmidt, K.-H. (2010). Altersheterogenität und Gruppeneffektivität – Die moderierende Rolle des Teamklimas. *Zeitschrift für Arbeitswissenschaft, 64,* 137–146.

Ries, B. C., Diestel, S., Shemla, M., Liebermann, S. C., Jungmann, F., Wegge, J., & Schmidt, K.-H. (2013). Age diversity and team effectiveness. In C. M. Schlick, E. Frieling & J. Wegge (Hrsg.), *Age-differentiated work systems* (S. 89–118). Berlin/Heidelberg: Springer.

Riordan, C. M., & Shore, L. M. (1997). Demographic diversity and employee attitudes: An empirical examination of relational demography within work units. *Journal of Applied Psychology, 82,* 342–358.

Ryschka, J., Stegh, W., Demmerle, C., William, L., Nowakowski, W., & Blickle, M. (2014). *Kooperation.* Mainz: Dr. Jurij Ryschka.

Ryschka, J., Stegh, W., Müller, V., Zinndorf, L., Fahrenholz, L., & Ryschka, U. (2019). *Jung & Alt.* Mainz: Dr. Jurij Ryschka.

Scholz, C. (2014). *Generation Z: Wie sie tickt, was sie verändert und warum sie uns alle ansteckt.* Weinheim: Wiley-VCH.

Solga, M., & Ryschka, J. (2013). *Psychologische Kontrakte gestalten, Verhalten steuern, Leistung steigern – Handlungsempfehlungen für Mitarbeiterführung.* Mainz: Dr. Jurij Ryschka.

Tajfel, H., & Turner, J. C. (1986). The social identity theory of intergroup behavior. In S. Worchel & W. G. Austin (Hrsg.), *Psychology of intergroup relation* (S. 7–24). Chicago: Nelson-Hall.

Turner, J. C. (1987). *Rediscovering the social group: A self-categorization theory.* New York: Basil Blackwell.

Van Dick, R., & West, M. A. (2005). *Teamwork, Teamdiagnose, Teamentwicklung: Praxis der Personalpsychologie.* Göttingen: Hogrefe.

Wegge, J., & Jungmann, F. (2015). Erfolgsfaktoren der Zusammenarbeit von Jung und Alt im Team. *Informationsdienst Altersfragen, 42,* 3–9.

Wegge, J., Roth, C., Neubach, B., Schmidt, K.-H., & Kanfer, R. (2008). Age and gender diversity as determinants of performance and health in public organization: The role of task complexity and group size. *Journal of Applied Psychology, 93,* 1301–1313.

Wegge, J., Schmidt, K.-H., Liebermann, S., & van Knippenberg, D. (2011). Jung und alt in einem Team? Altersgemischte Teamarbeit erfordert Wertschätzung von Altersdiversität. In P. Gellèri & C. Winter (Hrsg.), *Personalpsychologie als Beitrag zu Berufs und Unternehmenserfolg. Ansätze, Entwicklungen und Perspektiven* (S. 35–46). Göttingen: Hogrefe.

Wegge, J., Jungmann, F., Liebermann, S., Shemla, M., Ries, B. C., Diestel, S., & Schmidt, K.-H. (2012). What makes age diverse teams effective? Results from a six-year research program. *Work, 41,* 5145–5151.

Jung führt Alt 5

> **Zusammenfassung**
>
> Im Zuge des demografischen Wandels führen immer häufiger jüngere Vorgesetzte ältere Mitarbeiter. Diese **statusinkongruente Führungskonstellation** kann gesellschaftlich und organisational akzeptierte Normen verletzen und dadurch zu **Konflikten** führen – u. a. aufgrund von grundsätzlichen **Generations- und Erfahrungsunterschieden** (siehe Abschn. 4.3), wechselseitigen **Altersvorurteilen** (siehe Abschn. 3.5) und möglicherweise entstehenden **Rollenkonflikten** (z. B. Rolle „Führungskraft" steht in Widerspruch zur Rolle „jüngerer Mitarbeiter"). Ein Führungsverhalten, das vor allem den **wertschätzenden Umgang** mit älteren Mitarbeitern, **offene Kommunikation** und den **Einbezug der Mitarbeiter in Entscheidungsprozesse** großschreibt, kann die Situation „Jung führt Alt" bedeutend erleichtern (vgl. Abb. 5.1).

Bilinska und Wegge (2016) geben in ihrem **integrativen Modell zu den Auswirkungen von normverletzenden Altersunterschieden zwischen Führungskraft und Mitarbeiter** einen guten Überblick über die möglichen positiven wie negativen Effekte einer Führungssituation, in der eine jüngere Führungskraft ältere Mitarbeiter führt, und zeigen zudem verschiedene moderierende Bedingungen auf (vgl. Abb. 5.1). Die Autoren betonen, dass zunächst immer die Frage bestehe, ob die **Altersunterschiede überhaupt salient▲** sind. Ist dies nicht der Fall, muss es gar nicht erst zu den beschriebenen Konflikten aufgrund von Altersdifferenzen kommen.

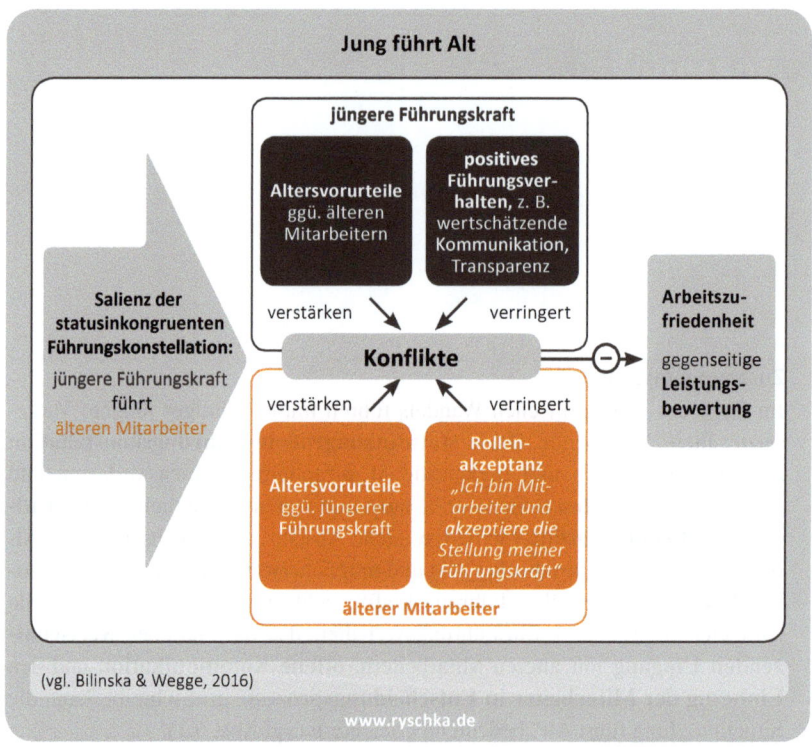

Abb. 5.1 Jung führt Alt. Mit freundlicher Genehmigung von ©Organisationsentwicklung Ryschka, www.ryschka.de 2019. All Rights Reserved

Dass das Führen altersheterogener Teams als Folge des demografischen Wandels einen wesentlichen Bestandteil zukünftiger Führungsherausforderungen ausmacht, steht außer Frage. Die damit einhergehende Veränderung klassischer Führungskonstellationen wird hingegen bislang (vor allem in der Forschung) meist nur am Rande diskutiert. Durch die zunehmende Alterung der Erwerbsbevölkerung sowie das zunehmend frühzeitige Qualifizieren jüngerer Menschen für eine Führungsaufgabe wird immer häufiger der Fall eintreten, dass eine jüngere Führungskraft ältere Mitarbeiter führt. Diese Entwicklung steht der **klassischen Vorstellung** entgegen, das **Lebensalter sei eng mit dem hierarchischen Status** und der fachlichen Qualifikation einer Person verknüpft. Dies kann gesellschaftlich und organisational akzeptierte Werte und Normen verletzen (Bilinska et al. 2014).

Altersspezifische Konflikte und gegenseitige Vorurteile

Eine im Kontext des demografischen Wandels durchgeführte Umfrage unter Personalverantwortlichen ergab, dass in fast der Hälfte der größten deutschen Unternehmen die Führung durch jüngere Vorgesetzte ein Hindernis für die Einstellung älterer Mitarbeiter ist (Capgemini 2007). Die Ursache hierfür ist die Befürchtung altersspezifischer Konflikte aufgrund von negativen Erfahrungen mit der statusinkongruenten Führungskonstellation „Jung führt Alt".

Bzgl. der Mitarbeiter fanden Forscher heraus, dass **ältere Mitarbeiter ($\geq$ 50 Jahre) (im Vergleich zu jüngeren Kollegen) häufig niedrigere Erwartungen an das Führungsverhalten jüngerer Führungskräfte** ($\leq$ 39 Jahre) hatten und deren Fach- und Führungskompetenz insgesamt schlechter bewerteten (Collins et al. 2009; Huber 2013).

Gleichzeitig gaben im Rahmen einer qualitativen Befragung **jüngere Führungskräfte** an, **von älteren Mitarbeitern weniger Akzeptanz und Vertrauen** entgegen gebracht zu bekommen und bei den Älteren einen **Mangel an Veränderungsbereitschaft zu erleben.** Sie seien langsamer und weniger kooperationsbereit und bräuchten mehr Unterstützung. Dies beeinträchtige die Zusammenarbeit und führe zu Angst vor Konflikten bei der Führungskraft (Bilinska et al. 2014). Jüngere Führungskräfte sind also ebenfalls älteren Mitarbeitern gegenüber negativ eingestellt. Nach Tsui und O'Reilly (1989) bewerten sie die Arbeitsleistung älterer Mitarbeiter im Vergleich zu jüngeren oft als weniger effektiv und nehmen diese insgesamt als unsympathischer wahr.

Eine Ursache altersspezifischer Konflikte könnte in den weiter oben thematisierten **Generationsunterschieden** liegen – und hier vor allem in den gegenseitigen Vorurteilen. „Veteranen", „Babyboomer" und Vertreter der „Generation X" oder „Y" bringen unterschiedliche Erfahrungen mit, die sich in differierenden Führungsstilen und Arbeitsweisen niederschlagen können (Huber 2013) (siehe Abschn. 4.3).

Schneider (2015) betrachtet die **Erfahrungsunterschiede** von Jung und Alt als mögliches Spannungsfeld. Demnach sind ältere Mitarbeiter im Vergleich zu jüngeren meist bedeutend routinierter in ihrer Arbeit. Sie haben im Laufe der Jahre ein ausgeprägtes Erfahrungswissen aufgebaut und ein Gefühl für produktives Arbeiten entwickelt. Dass sie folglich oft mit Widerständen auf das Veränderungsbestreben jüngerer Vorgesetzter reagieren und keine Änderungsnotwendigkeit sehen, trifft bei den jüngeren Vorgesetzten häufig auf Unverständnis. Diese bringen viel theoretisches Know-How und innovative Ideen mit, können deren Wirkung in der Praxis und dem entsprechenden Unternehmenskontext mangels Erfahrung allerdings häufig (noch) nicht sicher abschätzen.

Betrachtet man das **integrative Modell zu den Auswirkungen von normverletzenden Altersunterschieden zwischen Führungskraft und Mitarbeiter** von Bilinska und Wegge (2016), ergibt sich neben grundsätzlichen Generations- und Erfahrungsunterschieden schließlich ein ausgeprägtes Konfliktpotenzial in Form von wechselseitigen **Altersvorurteilen** (vgl. Abschn. 3.5 und 4.3).

▶ *Welche Beispiele für „Jung führt Alt" kennen Sie aus Ihrer eigenen Organisation? Arbeiten Sie ggf. selbst in einer solchen Konstellation? Welche Beispiele kennen Sie aus anderen Organisationen?*

▶ *Welche Vor- und Nachteile dieser Führungskonstellation haben Sie erlebt?*

▶ *Welche Werte, Konzepte, Ideen könnten verletzt werden, wenn eine junge Führungskraft eine ältere Person führt? Was würde bei dieser Konstellation helfen?*

Theorie der organisationalen Zeitpläne
Hinzu kommt, dass die jüngere Führungskraft den älteren Mitarbeiter **mit seiner eigenen Laufbahn konfrontiert** und damit negative Gefühle auf Seiten des älteren Mitarbeiters auslösen und Konkurrenzverhalten fördern kann (Bilinska und Wegge 2016).

Lawrence (1984) **Theorie der organisationalen Zeitpläne** besagt, dass es in Unternehmen **implizite Karrierezeitpläne** gibt (z. B. mit 40 sollte man in diesem Unternehmen eine Führungsposition haben). Anhand dieser Zeitpläne können Personen für sich selbst einschätzen, ob sie *behind time, on time* oder *ahead of time* sind. „Jung führt Alt"-Konstellationen können diese Selbsteinschätzung selbstwertgefährdend ausfallen lassen, vor allem wenn es zu einer *behind time*- (für den Mitarbeiter) und *ahead of time*-Konstellation (für die Führungskraft) kommt.

Insgesamt birgt die Führungskonstellation „Jung führt Alt" auf beiden Seiten die Gefahr von **Rollenkonflikten**.[1] Durch die Inkongruenz von Alter und Status können sich die älteren Mitarbeiter auf der einen Seite **übergangen** und **minderwertig**

---

[1] Zusätzlich erschwert werden kann die Situation, wenn zum Altersthema auch das Geschlecht hinzukommt, also eine **jüngere Frau einen älteren Mitarbeiter führt** (siehe Geschlechtsstereotype in Abschn. 3.5) und somit beide Personen mit zwei Stereotypen „umgehen" müssen. In Ergänzung zu den weiter unten folgenden „Dos und Don'ts" hier noch ein Hinweis für jüngere weibliche Führungskräfte: Sie müssen sich weder für Ihre Führungsrolle rechtfertigen noch für Ihr jüngeres Alter oder Ihr Geschlecht! „Killerphrasen" und unpassende Bemerkungen (bspw. „zickig", „zu emotional" etc.), die auf das Geschlecht anspielen, sollten Sie als diese benennen (und so als Vorurteil entlarven).

fühlen, während die jüngeren Führungskräfte auf der anderen Seite Führungsaufgaben gegenüber älteren Mitarbeitern häufig nur **zurückhaltend** und **unter Unsicherheit** wahrnehmen und sich dabei unwohl fühlen (Bilinska et al. 2014). Die **Rollenakzeptanz** durch den älteren Mitarbeiter ist somit ein Faktor, der das Konfliktpotenzial verringern kann. Ebenso ist ein **positives Führungsverhalten** der jüngeren Führungskraft (basierend auf **eigener Rollenklarheit**) wichtig. Hierunter fallen u. a. Wertschätzung von Altersdiversität, Transparenz und ein offener Umgang mit der Altersthematik (sofern diese salient▲ ist).

Empfehlungen für jüngere Führungskräfte
Im Rahmen einer Expertendiskussion erarbeiteten Bilinska und Wegge (2016) Praxistipps für jüngere Vorgesetzte, die ältere Mitarbeiter führen. Als Basiskompetenz effektiver Führung betrachteten die von den beiden Forschern befragten HR-Experten neben der Fachkompetenz vor allem eine ausgeprägte Sozialkompetenz – was natürlich für Führungskräfte jeglichen Alters gilt. Die folgenden Dos und Don'ts, angelehnt an die Empfehlungen von Bilinska und Wegge (2016), können Ihnen als jüngere Führungskraft im Umgang mit älteren Mitarbeitern als Orientierung dienen:

Handlungsempfehlungen

Dos

- Heben Sie Ihre **Fachkompetenzen** hervor, argumentieren Sie **sachlich** und nicht aufgrund Ihrer Weisungsbefugnis.
- Beweisen Sie Sozialkompetenz: **Sprechen Sie insbesondere bei Ihrem ersten Mitarbeitergespräch ganz offen die ungewöhnliche Konstellation an.** Wir haben die Erfahrung gemacht, dass jüngere Führungskräfte und Personen, die auf eine Führungsrolle vorbereitet werden, geradezu erleichtert auf unsere Empfehlung in Trainings und Coachings reagieren, die ungewöhnliche Konstellation proaktiv zu thematisieren. Für alle Beteiligten ist schließlich offensichtlich, dass eine jüngere Führungskraft einen älteren Mitarbeiter führt – warum dies nicht direkt zum Thema machen und über Vorurteile und gegenseitige Erwartungen ins Gespräch kommen?
- **Schätzen Sie** auch im Gespräch explizit die **Erfahrungen der älteren Kollegen.**

- Beweisen Sie als Führungskraft Empathie und **versetzen Sie sich in die Lage des anderen**. Für die andere Person kann es (muss natürlich nicht!) durchaus unangenehm sein, dass sie einen jüngeren Vorgesetzten hat und so mit ihrer eigenen Karriere konfrontiert wird.
- Reflektieren und **reduzieren Sie eigene Altersvorurteile**. Alter und Leistung hängen nicht miteinander zusammen (siehe Abschn. 3.5)!
- Kommunizieren Sie **Fehler offen:** Fangen Sie bei Ihren eigenen an.
- **Beteiligen Sie ältere** und erfahrene Mitarbeiter und nutzen Sie somit ihr Know-How.
- **Führen Sie partizipativ:** Delegieren Sie Kompetenzbereiche, beteiligen Sie Kollegen am Entscheidungsprozess, drücken Sie somit Wertschätzung und Vertrauen aus.
- Beachten Sie die **Prinzipien alter(n)sgerechter Führung** bei Mitarbeitern mit großen Altersunterschieden (siehe Abschn. 4.1).
- **Reflektieren** und hinterfragen Sie Ihr Handeln, ohne sich von Unsicherheit blockieren zu lassen.

Don'ts

- Vermeiden Sie Unsicherheit oder gespielte Souveränität: Sie müssen sich **nicht für Ihre Führungsrolle oder Ihr jüngeres Alter rechtfertigen**. Die Unternehmensleitung/höhere Führungskräfte haben Ihnen ihr Vertrauen für die Führungsaufgabe ausgesprochen.
- Bringen Sie älteren Mitarbeitern **weder übertriebenen noch mangelnden Respekt** entgegen.
- Übereilen Sie nicht die Einleitung von Veränderungsprozessen. Nehmen Sie sich die Zeit, die Prozesse und Ihr neues Team zu beobachten und zu verstehen und tappen Sie nicht in die Stereotypenfalle: *„Jetzt kommt die neue (junge) Führungskraft und will alles verändern"*.

Literatur

Bilinska, P., & Wegge, J. (2016). Jung führt Alt. Wenn Altersunterschiede zwischen Mitarbeitern und Führungskräften zum Problem werden. In J. Felfe & R. van Dick (Hrsg.), *Handbuch Mitarbeiterführung: Wirtschaftspsychologisches Praxiswissen für Fach- und Führungskräfte* (S. 213–225). Berlin/Heidelberg: Springer.

Bilinska, P., Grellert, F., & Wegge, J. (2014). Junge Hüpfer führen alte Haudegen: Alles eine Frage der Kompetenz? *Personal quarterly – Wissenschaftsjournal für die Personalpraxis, 3*, 22–27.

Capgemini Consulting (2007). *Demographische Trends 2007 – Analyse und Handlungsempfehlungen zum Demographischen Wandel in deutschen Unternehmen.* https://www.google.de/url?sa=t&rct=j&q=&esrc=s&source=web&cd=2&cad=rja&uact=8&ved=0ahUKEwiKiafij_HQAhVCBiwKHY4dBekQFgglMAE&url=https%3A%2F%2Fopus-hslb.bsz-bw.de%2Ffiles%2F313%2FDemographische_Trends_2007_Capgemini.pdf&usg=AFQjCNEZW0kfXoCqdrqtaztJJ-klBjTeNLA. Zugegriffen am 13.12.2016.

Collins, M. H., Hair, J. F., & Rocco, T. S. (2009). The older-worker-younger-supervisor dyad: A test of the reverse Pygmalion Effect. *Human Resource Development Quarterly, 20*, 21–41.

Huber, K. H. (2013). Junge Führungskräfte – ältere Mitarbeiter. Veränderte Führungskonstellationen im Zuge des demografischen Wandels. *Personalführung, 7*, 44–50.

Lawrence, B. S. (1984). Age grading: The implicit organizational timetable. *Journal of Occupational Behaviour, 5*, 23–35.

Schneider, C. (2015). Wenn die gewohnte Ordnung auf dem Kopf steht: Jung führt alt. *PersonalEntwickeln, 190*, 1–29.

Tsui, A. S., & O'Reilly, C. A. (1989). Beyond simple demographic effects: The importance of relational demography in superior-subordinate dyads. *Academy of Management Journal, 32*, 402–423.

Leistungseinschränkungen handhaben 6

> **Zusammenfassung**
>
> Im Laufe des Berufslebens können sich **Leistungseinschränkungen** zeigen, zum Teil über einen durchaus längeren Zeitraum. Dies *muss* nicht mit dem Alter zusammenhängen – *kann* es aber natürlich (vgl. Abschn. 3.3 und 3.4). In Trainings zum Thema „Führen von Jung und Alt" werfen Führungskräfte immer wieder die Frage auf: *„Was mache ich, wenn die Leistung eines Mitarbeiters nachlässt?"* (siehe Abb. 6.1).
>
> Auf den folgenden Seiten werden dabei zwei Ausgangsszenarien betrachtet:
> 1.) Der Mitarbeiter ist sich der **Leistungseinschränkungen bewusst** und Sie müssen gemeinsam **analysieren**, worin diese begründet sind (Abschn. 6.1).
> 2.) Der Mitarbeiter ist sich der Einschränkungen *nicht* bewusst, d. h. Sie müssen zunächst einmal **Problembewusstsein** beim Mitarbeiter schaffen (Abschn. 6.2). In Abschn. 6.3 wird der **Auf- und Ausbau von Kompetenzen** betrachtet, um Leistungsfähigkeit (wieder) herzustellen. In einem anschließenden Exkurs (Abschn. 6.4) werden Leistungseinschränkungen vor dem Hintergrund einer möglichen **psychischen Erkrankung** diskutiert.

Leistungseinschränkungen angehen ist für beide Seiten unangenehm
Im Normalfall **möchten** Menschen **Leistung** am Arbeitsplatz **erbringen**. Können **Mitarbeiter** den Leistungsanforderungen ihrer Führungskraft und auch den eigenen Erwartungen nicht (mehr) gerecht werden, erzeugt dies häufig **Unsicherheit, Scham und Unzufriedenheit**. Wenn Mitarbeiter jahrelang (bei entsprechendem

Alter jahrzehntelang!) gute Arbeit geleistet haben und sich ihrer Arbeitskraft sicher sein konnten, ist es verständlicherweise unangenehm, zu bemerken, dass manche Aufgaben nicht mehr so einfach von der Hand gehen. Genauso könnten Ängste bestehen, wenn es um das Übernehmen neuartiger Aufgaben geht.

Gleichermaßen ist es für Vorgesetzte häufig **eine mit negativen Gefühlen verbundene Führungsaufgabe,** Leistungseinschränkungen mit Mitarbeitern zu thematisieren (Abb. 6.1). **Sie sehen sich also in einer Situation, die für beide Seiten unangenehm ist.** Unserer Erfahrung nach werden diese Gespräche über Leistungsdefizite oftmals zu lange aufgeschoben. Als Führungskraft ist es aber Ihre originäre Aufgabe, für Leistung zu sorgen und auf mangelnde Leistung zu reagieren. Seien Sie sich Ihrer Rolle und Ihrer damit verbundenen **Verantwortung bewusst** und **unterstützen** Sie

Abb. 6.1 Leistungseinschränkungen managen. Mit freundlicher Genehmigung von ©Organisationsentwicklung Ryschka, www.ryschka.de 2019. All Rights Reserved

Ihren Mitarbeiter, den Leistungsanforderungen entsprechen zu können – so unangenehm es ggf. ist und so viel Zeit es Sie auch kosten mag: Genau das ist Führungsarbeit. In Abschn. 6.1 wird dieses Szenario vor der Prämisse betrachtet, dass sich der betreffende Mitarbeiter seinen Leistungseinschränkungen selbst bewusst ist. Unter Umständen kommt der Mitarbeiter auch proaktiv auf Sie zu und signalisiert Ihnen *„Ich schaffe das nicht mehr!"* – und dies bevor Sie als Führungskraft Leistungseinbußen bemerkt haben oder in Sorge sind, dass Ihr Mitarbeiter den Anforderungen nicht mehr gewachsen ist.

6.1 Leistungseinschränkungen analysieren

Zusammenfassung 6.1

Wenn ein Mitarbeiter nicht (mehr) die gewünschte Leistung zeigt, stellt sich die Frage: Woran liegt das? Hat der Mitarbeiter vielleicht keine Lust (mehr) (Abschn. 6.1.1)? Sind ihm die Leistungsanforderungen nicht klar genug kommuniziert worden (Abschn. 6.1.2)? Fehlen ihm die notwendigen Kompetenzen? Oder hat er die **notwendigen Kompetenzen** und traut sich die Aufgaben nicht (mehr) zu (Abschn. 6.1.3)? Als Führungskraft müssen Sie gemeinsam mit dem Mitarbeiter **analysieren, worin die Leistungseinbußen begründet liegen,** um passend darauf reagieren zu können.

Analysieren, worin die Leistungsdefizite begründet sind
Ausgehend von der Situation, dass Sie als Führungskraft und auch Ihr Mitarbeiter sich der Leistungsdefizite bewusst sind bzw. Ihr Mitarbeiter das Gefühl hat, den Erwartungen nicht (mehr) zu genügen: **Analysieren** Sie, worauf dies zurückzuführen ist.

Lässt sich der Leistungsabfall durch ein **akutes Lebensereignis** (Trennung, Todesfall oder Krankheit eines Angehörigen etc.) erklären, sollten Sie als Führungskraft für **kurzfristige Entlastungen** sorgen, z. B. durch Urlaub, Anpassung der Arbeitszeiten oder kurzfristige Reduktion von Aufgaben.

Ansonsten prüfen Sie zunächst, ob es sich eher um ein **„motivationales Problem"** oder um **„nicht ausreichende Fähigkeiten"** handelt. Ist der Mitarbeiter (nur noch) mit wenig Elan „bei der Sache", z. B. weil (Achtung: Stereotyp!) der Renteneintritt bald bevorsteht? Bei Fähigkeitsdefiziten sind Mitarbeiter nicht (mehr) in der Lage, ihre Arbeitsaufgaben entsprechend den Vorgaben fertigzustellen, weil es ihnen an Kompetenzen mangelt oder sie das Gefühl haben, es nicht (mehr) zu können.

Neben **„Können"** (fehlende Kompetenzen) und **„Wollen"** (Motivation) kann die Ursache auch im dritten Suchfeld liegen, dem **„Sollen".** Sind dem Mitarbeiter die Leistungsanforderungen klar? Selbst wenn **explizite Zielvorgaben** bestehen, berichten Mitarbeiter immer wieder, dass ihnen die Ziele und Erwartungen ihres Vorgesetzten „nicht ganz klar" sind – Führungskräfte dies aber glauben. Beim Formulieren und

Kommunizieren von Erwartungen an den Mitarbeiter – und dem Sicherstellen, dass beide ein gleiches Verständnis darüber haben (!) – besteht oftmals noch „Luft nach oben".

Handlungsempfehlungen

Fragen Sie sich bei beobachteten Leistungsdefiziten zunächst: **Woran könnte es liegen, dass Ihr Mitarbeiter schlechtere Leistung zeigt?**

1. Suchfeld **Wollen**: Haben Sie den Eindruck, dass Ihr Mitarbeiter nicht mehr motiviert ist? Wie ist seine Stimmung generell? Wie geht er z. B. mit Kollegen um, wenn diese ihn um Hilfe bitten? Unterstützt er andere, weil er keinen hängen lassen will und sich sozial verpflichtet fühlt, hat aber eigentlich keine Lust mehr?
2. Suchfeld **Sollen**: Inwieweit kann die nicht ausreichende Leistung auch darin begründet liegen, dass Sie mit Ihrem Mitarbeiter die Ziele nicht ausreichend klar thematisiert haben? Wann haben Sie das letzte Mal mit Ihrem Mitarbeiter über seine Aufgaben und Ziele gesprochen?
3. Suchfeld **Können**: Hat Ihr Mitarbeiter das Gefühl, die Aufgabe nicht mehr zu schaffen oder reichen die Kompetenzen tatsächlich nicht (mehr) aus? Hat er ähnliche Aufgaben schon gelöst/bewältigt/erledigt, die er jetzt nicht mehr vollenden kann?

6.1.1 Motivation (Suchfeld Wollen)

Motivation erklärt die **Richtung**, die **Intensität** und **Ausdauer** menschlichen Verhaltens. Das heißt, die Motivation liefert wertvolle Hinweise darauf, **wofür** sich Menschen engagieren (Richtung), **wie stark** (Intensität) und **wie lange** sie dies tun, selbst wenn **Hindernisse** auftreten (Ausdauer). Die Motivation ist eine klassische **Person-Situation-Wechselwirkung**. Menschen zeichnen sich durch unterschiedlich stark ausgeprägte Motive aus, Situationen wiederum bieten unterschiedlich starke Anreize, diese Motive anzuregen (Nerdinger 2014).

Die **Theorie der gelernten Motive** (McClelland 1965) beschreibt drei grundlegende Motive, die bei Menschen unterschiedlich intensiv ausfallen:

- **Leistungsmotiv** (kontinuierliche Verbesserung der Leistung, Erfolgsorientierung)
- **Machtmotiv** (Überzeugungsfähigkeit, Wettbewerbsorientierung, Kampfbereitschaft)
- **Anschlussmotiv** (Zusammenhalt in der Gruppe, Kooperation, interpersonelle Attraktivität, gegenseitige Unterstützung)

6.1 Leistungseinschränkungen analysieren

Yukl (1990) hat zwei weitere Motive ergänzt:

- **Sicherheitsmotiv** (Arbeitsplatz, Einkommen, Krankheit)
- **Statusmotiv** (Auto, Kleidung, Firma, Privilegien durch Berufsposition)

Genauere Beschreibungen der fünf Motive und Situationen, die diese Motive anregen können, finden Sie in der Abb. 6.2.

▶ *Welche Motive sind Ihrer Meinung nach bei Ihren einzelnen Mitarbeitern stärker ausgeprägt, welche weniger stark?*

Handlungsempfehlungen

Zu den Motiven Ihrer Mitarbeiter können Sie Vermutungen anstellen und natürlich auch mit ihnen darüber ins Gespräch kommen. Beachten Sie dabei, dass die meisten Menschen sich selbst nicht im Klaren über die eigenen Motive sind und häufig nicht ein Motiv alleine deutlich im Vordergrund steht. Wenn Sie Hypothesen bzgl. der Motive Ihrer Mitarbeiter haben, bietet dies die Chance, sich **sprachlich auf die einzelnen Mitarbeiter einzustellen**. Bei Leistungsmotivierten können Sie z. B. das Thema „Verbesserungen" stärker benennen *(„... um unsere Prozesse zu optimieren...")* oder bei Anschlussmotivierten das Thema „wir" in den Vordergrund stellen *(„... können wir als Team...")*. Prüfen Sie, welche Wirkungen dies auf Ihre Mitarbeiter hat. Inwieweit lagen Sie mit Ihrer Vermutung bzgl. der Motive richtig?

Grundsätzlich lassen sich zwei Arten von Motivation unterscheiden:

- **Intrinsische Motivation:** Die Ausführung der Handlung selbst ist Belohnung genug, z. B. weil ein schwieriges Ziel erreicht werden muss oder man mit anderen zusammenwirken kann → Die **Aufgabe selbst** setzt direkt an den persönlichen Motiven an.
- **Extrinsische Motivation:** An die Ausführung der Handlung sind Belohnungen von außen bzw. an die Nicht-Ausführung der Handlung sind Bestrafungen geknüpft → Die **Konsequenzen** der Aufgabe befriedigen die persönlichen Motive, z. B. indem das eigene Ansehen erhöht wird.

Wenn ein Mitarbeiter bspw. ein hohes Anschlussmotiv hat und somit gerne mit anderen Menschen in Austausch steht, wird er eine Aufgabe, bei der er viel in Beziehungspflege investieren muss, mit hoher Wahrscheinlichkeit motivierender erleben als jemand, der wenig anschlussmotiviert ist (intrinsische Motivation).

5 Motive

Motiv	Mich regen Situationen an, in denen ich ...
Kennzeichnend für das **Leistungsmotiv** sind ein Streben nach kontinuierlicher Verbesserung der Leistung und eine starke Erfolgsorientierung, die auch mit einer erhöhten Angst vor Misserfolg einhergehen kann.	■ ein schwieriges Ziel (gegen Widerstände) erreichen muss. ■ etwas (oder mich) verbessern kann. ■ erfahren kann, wie gut ich bin. ■ meine Kompetenzen zielführend einbringen kann.
Das **Machtmotiv** beinhaltet Aspekte wie eine starke Wettbewerbsorientierung und Auseinandersetzungsbereitschaft, eine ausgeprägte Überzeugungsfähigkeit und die Vermeidung von Kontrollverlust.	■ mich mit anderen messen kann. ■ Verantwortung habe und gestalten kann. ■ andere von meinen Ideen überzeugen kann. ■ andere Menschen führen kann.
Beim **Anschlussmotiv** stehen der Zusammenhalt in der Gruppe, Kooperation und gegenseitige Unterstützung im Vordergrund, Angst vor Zurückweisung kann damit einhergehen.	■ positive Beziehungen zu anderen gestalten kann. ■ von anderen gebraucht werde. ■ anderen Menschen Zuwendung entgegenbringen kann. ■ Kontakt zu anderen, fremden Menschen aufnehmen kann.
Das **Sicherheitsmotiv** dominiert, wenn dem Handeln das Bedürfnis nach Schutz vor Gefahren oder Hindernissen zu Grunde liegt.	■ alles gut durchschauen und planen kann. ■ keine Risiken eingehen muss. ■ ein hohes Maß an Verlässlichkeit vorfinde. ■ eine langfristige Sicherheit garantiert bekomme.
Das **Statusmotiv** drückt das Bedürfnis aus, sich von anderen Menschen durch Position und Funktion, Titel, Privilegien, Kleidung, Statussymbole etc. abzuheben.	■ in meiner Funktion geschätzt werde. ■ mein Ansehen erhöhen kann. ■ Privilegien genießen kann. ■ zeigen kann, dass ich eine bestimmte Position erreicht habe.

(Ryschka, Demmerle, Stegh, Schnorr & William, 2013; vgl. auch McClelland, 1965; Yukl, 1990)

www.ryschka.de

Abb. 6.2 5 Motive. Mit freundlicher Genehmigung von ©Organisationsentwicklung Ryschka, www.ryschka.de 2019. All Rights Reserved. Download möglich

6.1 Leistungseinschränkungen analysieren

Ein Mitarbeiter mit einem geringen Anschlussmotiv kann natürlich ebenfalls für eine Aufgabe Motivation aufbringen, bei der es um das Gestalten von Kooperation und Austausch geht. Die Wahrscheinlichkeit ist jedoch höher, dass diese Motivation eher aus den Konsequenzen der Aufgabe entsteht (extrinsische Motivation).

Das in der Psychologie häufig genutzte **S-O-R-K-Modell** stellt die beiden unterschiedlichen Ansatzpunkte in punkto Motivierung anschaulich dar. **S** steht für **Situation**, **O** für **Organismus** (also die handelnde Person), **R** für **Reaktion** (d. h. das Verhalten der Person), und **K** für **Konsequenzen** (in Anlehnung an Narciss, 2011). Als Führungskraft können Sie nicht den Mitarbeiter an sich (O) und auch nicht sein Verhalten direkt verändern (R) – Sie sind kein Zauberer und Führung ist ebenfalls kein Puppentheater, bei dem Sie das Verhalten direkt bedingen können. An zwei Faktoren können (und müssen!) Sie aber ansetzen, wenn es um die Motivation der Mitarbeiter geht: an der Arbeitsaufgabe selbst (S) oder an den Konsequenzen des Verhaltens (K).

Handlungsempfehlungen

- Als Führungskraft sollten Sie eine gute Idee davon haben, **was Ihre Mitarbeiter motiviert**. Kommen Sie darüber mit Ihren Mitarbeitern ins Gespräch, um zu prüfen, wo ggf. Arbeitsbedingungen und **Aufgaben so gestaltet** werden können, dass die Aufgabe als solches motivierend ist, d. h. Ihre Mitarbeiter **intrinsisch motiviert** sind (s. o.: Situation).[1]
- Behalten Sie im Blick, dass sich die **Bedürfnisse** von Menschen am Arbeitsplatz auch **verändern** können. Vielleicht hat ein Mitarbeiter zu Beginn seiner Arbeitstätigkeit noch eher Aufgaben mit hohem Austauschcharakter bevorzugt und wird mit zunehmender Berufserfahrung eher von anderen Tätigkeiten intrinsisch motiviert (siehe dazu auch: Abschn. 3.2).

---

[1] Ein in dem Zusammenhang nennenswertes Konzept ist das **Job Crafting**. Die Forscherinnen Wrzesniewski und Dutton (2001) haben diese Art von **Arbeitsgestaltungsworkshops** ins Leben gerufen – ausgehend von der Idee, dass Jobs gestaltbar und nicht (entgegen unserer häufigen Überzeugung) unveränderbar sind. Jobs können entsprechend den eigenen Vorlieben, Fähigkeiten und Werten durch das Verändern oder Hinzufügen von Tätigkeiten und Verantwortlichkeiten angepasst werden (unter Berücksichtigung der Organisationsinteressen). Die ungefragte Akzeptanz des eigenen Jobs ist umso ausgeprägter, je stärker sich Mitarbeiter dem Unternehmen verbunden fühlen. Dies berichtet der Psychologe Grant (2013, 2016) über Mitarbeiter von Google, mit denen er Job Crafting-Workshops durchführte. Angeregt durch die Sichtweise, dass **Jobs nicht statisch sein müssen,** verbrachten die Google-Mitarbeiter nach den Workshops mehr Zeit mit Aufgaben, die sie interessant und bedeutsam fanden – z. B. dadurch, dass sie ungeliebtere Aufgaben delegierten und sich neuen Aufgaben stellten, für die sie neue Fähigkeiten und neues Wissen aufbauen mussten. Es ist wenig überraschend, dass die von Grant und Kollegen untersuchten Mitarbeiter ihre Arbeit nun angenehmer fanden und motivierter waren, gute Leistung zu zeigen (Wrzesniewski et al. 2015, zitiert nach Grant, 2016).

Über Motivation ins Gespräch kommen

1. Starten

„Wie geht es Ihnen?"

„Ich möchte mit Ihnen über ein Thema sprechen, das mir sehr wichtig ist."

2. Ansprechen – Problembewusstsein sicherstellen

„Ich habe beobachtet, dass …"
→ Verhalten benennen, das auf unzureichende Motivation schließen lässt.

„Aufgefallen ist mir dies im Vergleich zu …"
→ Phasen mit höherer Motivation nennen.

„Wie sehen Sie das?"
→ Sicherstellen, dass Problembewusstsein vorhanden ist, sonst deutlicheres Feedback geben.*

3. Ursachen ergründen

„Woran liegt das?"

4. Maßnahmen erarbeiten und vereinbaren

„Was können wir tun, damit Ihre Leistung (wieder) steigt?"
→ Sammeln Sie erst Ideen von Ihrem Mitarbeiter, bevor Sie eigene Ideen einbringen.

→ Wenn es aus Ihrer Sicht notwendig ist, können Sie Ihre vorgedachten Maßnahmen ergänzen: *„Zudem sollten wir…"*.

5. Abschließen

„Was nehmen Sie aus dem Gespräch mit?"
→ Wenn kein ausreichendes Commitment geäußert wird, sollten Sie dieses ansprechen, ggf. deutlicheres Feedback geben und Konsequenzen aufzeigen.

„Wie geht es Ihnen mit der Vereinbarung?"

* Sollten Sie feststellen, dass beim Mitarbeiter kein ausreichendes Problembewusstsein vorhanden ist, gilt es, dieses herzustellen. Wie Sie dies erreichen können, erfahren Sie im Kapitel 6.2.

www.ryschka.de

Abb. 6.3 Über Motivation ins Gespräch kommen. Mit freundlicher Genehmigung von ©Organisationsentwicklung Ryschka, www.ryschka.de 2019. All Rights Reserved. Download möglich

6.1 Leistungseinschränkungen analysieren

Wenn die Motivierung über die Situation selbst nicht ausreichend ist, müssen Sie als Führungskraft an den Konsequenzen des Verhaltens ansetzen, d. h. kurz gesagt: **erwünschtes Verhalten belohnen** und **negatives Verhalten bzw. ausbleibendes positives Verhalten sanktionieren.**

Der **Gesprächsleitfaden** in Abb. 6.3 soll Sie dabei unterstützen, mit Ihren Mitarbeitern am Thema Motivation zu arbeiten.

6.1.2 Klarheit über Ziele (Suchfeld Sollen)

An dieser Stelle wollen wir das komplexe Feld der Zielsetzung nur anreißen.[2] Häufiger als angenommen liegt unzureichende Leistung darin begründet, dass Mitarbeitern die zu erreichenden Ziele nicht klar sind und diese von Führungskräften auch nicht ausreichend klar ausgesprochen wurden.

Für eine gute Zielformulierung wird häufig die allgemein bekannte SMART-Regel empfohlen: SMART steht dabei z. B. für specific – measurable – attainable – relevant – time-bound. Wir empfehlen basierend auf der psychologischen Forschung rund um Zielsetzung und Zielerreichung (vgl. z. B. Locke und Latham 2002) eine Erweiterung: Ziele sollen SMARTER formuliert sein:

Handlungsempfehlungen

Formulieren Sie Ziele mit folgenden Qualitäten: Schwierig – Messbar – Attraktiv – Realistisch – Terminiert – SElbstvertrauen stärken – Rückmeldungen sicherstellen (Solga und Ryschka 2013).

Auch wenn Sie als Führungskraft Ziele **SMARTER** formuliert haben und auch wenn Mitarbeiter selbst an der Zielformulierung beteiligt sind, stellt dies noch nicht sicher, dass beide Seiten darunter das Gleiche verstehen.

---

[2] Für eine pragmatische und detailliertere Darstellung von Handlungsempfehlungen rund um das Setzen von Zielen empfehlen wir Ihnen Solga und Ryschka (2013).

> **Handlungsempfehlungen**
>
> Lassen Sie Mitarbeiter die **Ziele immer wiederholen bzw. in eigenen Worten zusammenfassen:** *„Mir ist es an dieser Stelle sehr wichtig, dass wir ein gemeinsames Verständnis haben, was erreicht werden soll und Sie von Anfang an an den ‚richtigen Dingen' arbeiten. Da ich mir nicht sicher bin, ob ich die Ziele klar genug formuliert habe, möchte ich Sie bitten, einmal zusammenzufassen, was bei Ihnen angekommen ist..."*

6.1.3 Nicht ausreichende Kompetenzen oder Barrieren im Kopf (Suchfeld Können)

Sind die Ursachen für die Leistungseinschränkungen nicht motivational begründet (Suchfeld Wollen) und auch nicht dadurch zu erklären, dass Unklarheit bzgl. der Ziele besteht (Suchfeld Sollen), gilt es, das **Suchfeld Können** zu betrachten. Hat der Mitarbeiter **das Gefühl**, die Aufgaben **nicht (mehr) erledigen zu können** oder reichen die Kompetenzen zur Aufgabenerledigung tatsächlich nicht aus? Es muss gemeinsam analysiert werden, worin die (vermeintlichen) Kompetenzdefizite genau bestehen und ob es eher „Barrieren im Kopf" sind oder Kompetenzen tatsächlich nicht ausreichen (in Abschn. 6.3 wird dargestellt, wie sich Kompetenzen ausbauen lassen).

> **Handlungsempfehlungen**
>
> **Konkretisieren Sie Leistungsdefizite gemeinsam**
>
> - **Was genau** schafft der Mitarbeiter nicht (mehr) oder glaubt er nicht mehr zu schaffen?
> - Handelt es sich um einzelne Aufgaben oder geht es um die generelle Leistungsfähigkeit?
> - **Wo, was, wann, wie häufig...** erlebt Ihr Mitarbeiter oder erleben Sie als Führungskraft Einschränkungen?

Generell ist Alter keine Ausrede!
Sowohl in Abschn. 3.3 als auch in Abschn. 3.5 wird klar benannt: **Das Alter an sich ist keine Ausrede für einen Leistungsabfall.** Schnell finden sich Zuschreibungen wie *„In meinem Alter schaffe ich das nicht mehr ..."* In diesem Kapitel

6.1 Leistungseinschränkungen analysieren

wollen wir zunächst diesen (**Selbst-)Zuschreibungen** bewusst entgegentreten, zum Ende des Kapitels schauen wir auch auf **tatsächliche Einschränkungen** und wie Sie diesen begegnen können.

Auch wenn bspw. der Renteneintritt bald bevorsteht (und damit der verbleibende Zeithorizont auf der Arbeit begrenzt ist, siehe Abschn. 3.2), ist dies kein Grund weniger Leistung zu zeigen. Ältere Mitarbeiter können weiterhin einen wertvollen Beitrag für das Team leisten und ein Vorbild für jüngere Mitarbeiter sein, auch indem sie z. B. ihr Wissen weitergeben (siehe Abschn. 3.2 sowie 4.4).

Handlungsempfehlungen

- Tappen Sie als Führungskraft nicht in die Falle, sich älteren Mitarbeitern nicht mehr zu widmen, weil sie ja „eh bald im Ruhestand sind". Setzen Sie als Führungskraft ein klares Zeichen für alle Mitarbeiter im Team, indem Sie
    - **Leistungsbeiträge von allen Mitarbeitern** erwarten und
    - alle Ihre Mitarbeiter **bei Problemen unterstützen.**

  Viel zu oft erleben wir, dass Führungskräfte schlechte Leistungen gerade älterer Mitarbeiter „aussitzen" und dabei vergessen, welche Signalwirkung dies für alle Mitarbeiter im Team hat: *„Es ist egal, ob ich mich hier anstrenge oder nicht."*
- Machen Sie gleichzeitig deutlich, dass Sie ein Interesse daran haben, dass es **Ihren Mitarbeitern gut geht.**

Barrieren im Kopf auflösen

Wenn Menschen glauben, einer Aufgabe nicht (mehr) gewachsen zu sein, kann ein Ansatzpunkt die **subjektive Bewertung der individuellen Situation** sein. Menschen bewerten ihre Erfolge und Misserfolge unterschiedlich und dies wirkt sich auf die Zuversicht aus, eine Aufgabe zu schaffen (vgl. Selbstwirksamkeitserwartung▲). In der Psychologie wird in dem Zusammenhang von **Ursachenzuschreibung bzw. Attribution**▲ gesprochen. Vor allem der Psychologe Seligman, der im Bereich der Positiven Psychologie forscht, hat sich mit selbstwertschädlichen und selbstwertdienlichen Formen der Ursachenzuschreibung von Misserfolgen beschäftigt. Ihm zufolge gibt es drei verschiedene Dimensionen, die bei der Ursachenzuschreibung nach Erfolgen oder Misserfolgen eine Rolle spielen. Man bewertet Ereignisse danach, ob sie

- **internal vs. external**
- **stabil vs. variabel**
- **global vs. spezifisch**

attribuiert werden (Abramson et al. 1978). Bspw. bekommt ein Mitarbeiter nach einer Präsentation, die er für einen wichtigen Kunden erstellt hat, kritische Rückmeldung. Er kann sich dieses Feedback auf verschiedene Arten erklären:

- **internal vs. external:** „*Ich bin einfach nicht gut genug.*" vs. „*Mein Chef hat mir ja auch zu wenig Zeit gegeben.*" → Liegt das Problem bei mir oder gibt es äußere Umstände, die zu meinem Misserfolg geführt haben?
- **stabil vs. variabel:** „*Meine Präsentationen werden immer bemängelt.*" vs. „*Jetzt habe ich einmal negatives Feedback bekommen. Beim nächsten Mal läuft es wieder besser.*" → Ist die Situation unveränderlich oder vorübergehend?
- **global vs. spezifisch:** „*Dieser Job liegt mir einfach nicht.*" vs. „*Ich erstelle ungerne Präsentationen.*" → Sehe ich das Problem allgegenwärtig oder begrenze ich es auf diese konkrete Situation?

Das Fazit, das wir Menschen bei Misserfolgen ziehen, ist eine Kombination aller Dimensionen. Wenn die schlechte Rückmeldung internal, stabil und global erklärt wird, kann schnell der Gedanke aufkommen, den Job mit all den Anforderungen nicht (mehr) bewältigen zu können.

Für den **Selbstwert** ist es vereinfacht gesprochen „dienlicher", **bei Misserfolgen** external, variabel und spezifisch (*„Für diese Präsentation hat mir mein Chef zu wenig Zeit gegeben."*) und **bei Erfolgen** internal, stabil und global (*„Ich bin einfach gut in meinem Job."*) zu attribuieren (Abramson et al. 1978).

Aber Achtung: Wenn wir immer „äußere Umstände" oder „andere" für unsere Misserfolge verantwortlich machen, werden wir auch nichts an uns verändern. In diesem Fall der Attribution▲ können Sie **als Führungskraft für das richtige Maß der Einordnung sorgen:** *„Das waren herausfordernde Bedingungen... aber lassen Sie uns auch gemeinsam schauen, wo Sie noch etwas hätten anders machen können..."*

Wieso vor allem das selbstwertdienliche Attribuieren auf den anderen beiden Dimensionen (stabil vs. variabel und global vs. spezifisch) wichtig für einen guten Umgang mit Leistungsdefiziten ist, beschreiben wir im Folgenden.

Attributionen▲ haben selbstwertschädliche Effekte, wenn Ihr Mitarbeiter anstelle der (realistischeren) Aussage *„Ich schaffe diese konkrete Aufgabe nicht (mehr)"* – spezifisch – denkt „*Ich schaffe alle meine Aufgaben nicht mehr*" – global. **Die Einzelsituation wird verallgemeinert und auf diverse andere Bereiche übertragen.**

Bspw. hat ein Mitarbeiter Schwierigkeiten mit einer neueren Softwarevariante. Hat er die einzelnen Kniffe des Programms zuvor ohne Probleme beherrscht, braucht er für die neuere Software wesentlich mehr Zeit und macht auch mehr Feh-

6.1 Leistungseinschränkungen analysieren

ler. Nach einigen Tagen mühsamen Bedienens und dem Feststellen, dass andere Kollegen viel schneller mit der Umstellung zurechtkommen, ist der Mitarbeiter entmutigt: *„Ich kann diesen Job nicht mehr machen, ich bin nicht mehr fit genug!"*

Hilfreicher für die Weiterentwicklung, realistischer und auch **selbstwertdienlicher** wäre die Haltung, dass diese konkrete Software Probleme bereitet und z. B. eine Schulung durch einen Kollegen und ganz grundsätzlich auch mehr Geduld beim Einstellen auf die Neuerungen der Software mit der Zeit Besserung bringen würde.

> **Handlungsempfehlungen**
>
> Fördern Sie **beim Überforderungserleben** eine Attribuierung der Form **spezifisch** statt global: Diese **konkrete Situation/Aufgabe** bereitet Schwierigkeiten!

Auf der Dimension „stabil vs. variabel" wird häufig anstatt der realistischeren Aussage *„Ich schaffe diese Aufgabe im Moment nicht, und zwar aus folgenden Gründen ..."* – variabel – gedacht *„Ich werde diese Aufgabe unter keinen Umständen jemals wieder schaffen"* – stabil. **Es wird angenommen, dass die jetzige Situation zeitlich unbegrenzt anhalten wird und keine Besserung eintreten kann.**

Bspw. hat ein Mitarbeiter momentan Probleme in Verkaufsgesprächen mit Kunden. Im Gespräch erörtern Führungskraft und Mitarbeiter, dass der Mitarbeiter privat Schwierigkeiten hat: Ein Kind ist ernsthaft erkrankt und er verbringt viel Zeit mit Arztbesuchen. Der Mitarbeiter hat nach einiger Zeit Sorge, dass er nie wieder Verkaufsgespräche in der Weise führen kann, wie es von ihm gefordert wird und spielt zunehmend mit dem Gedanken, einen „Backoffice"-Job mit weniger Kundenkontakt zu übernehmen. *„Ich werde nie wieder gelassen und konzentriert Kundenkontakte gestalten können."*

Hilfreicher für die Weiterentwicklung, realistischer und auch **selbstwertdienlicher** wäre es, anzunehmen, dass die Kundenkontakte zukünftig auch wieder erfolgreicher werden, wenn sich sein privat geprägtes Stresslevel wieder normalisiert hat.

> **Handlungsempfehlungen**
>
> Fördern Sie **beim Überforderungserleben** eine Attribuierung der Form **variabel** statt stabil: Die Schwierigkeiten bestehen **im jetzigen Moment!**

Verhalten verändern wollen

Das Attribuieren eines Misserfolges als **variabel** und **spezifisch** hilft jedoch nicht nur dabei, den Selbstwert zu schützen: Die selbstwertdienliche Ursachenzuschreibung bei Misserfolgen bietet die Ausgangsbasis dafür, das **eigene Verhalten verändern zu wollen** – sofern die Attribution▲ auf der Dimension „internal vs. external" nicht mit „100 % external" dazwischenfunkt und somit der eigene Anteil an der Situation nicht gesehen wird!

Vielleicht denkt Ihr Mitarbeiter anfangs noch in Sätzen wie: *„Ich bin halt so"* oder *„Ich kann das alles nicht"*. Diese Sätze bieten wenig Motivation, das eigene Verhalten zu verändern oder sich weiterhin an der als herausfordernd empfundenen Aufgabe zu versuchen. Hilfreicher wäre es zu denken: *„Das war dieses Mal noch nichts"* und daraus die **Motivation für Veränderung** abzuleiten i. S. v.: *„Ich werde weiter daran arbeiten ...", „Ich muss noch etwas dazulernen ...", „Ich muss mich mehr anstrengen ... und dann klappt das auch!"*

Dabei können Sie als Führungskraft unterstützen. Sie können **fixe Bewertungen (Attributionen▲)** Ihres Mitarbeiters **„aufweichen"** und **andere Bewertungen anbieten.**

Handlungsempfehlungen

- Teilen Sie Ihr Wissen über Attributionsstile mit Ihren Mitarbeitern, wenn Sie das Gefühl haben, dass diese selbstwertschädlich mit Misserfolgen umgehen.
- Seien Sie wachsam, wenn sich Mitarbeiter mit selbstwertschädlichen Attributionsstilen „selbst ein Bein stellen"!
- **Hinterfragen Sie die Bewertungen Ihrer Mitarbeiter:** *„Ist das wirklich immer der Fall?" „Sie beschreiben das sehr absolut – welche Ausnahmen haben Sie schon erlebt?" „In welchen Situationen ist es Ihnen anders ergangen/haben Sie anders gehandelt/waren Sie erfolgreicher?" „Wie würden das Kollegen an Ihrer Stelle sehen?" „Was würden Sie zu einem guten Freund in der Situation sagen?"*
- Als Führungskraft sollten Sie **einschränkende Denkweisen aufweichen** und deutlich machen, dass Veränderungsmöglichkeiten bestehen. **Schlagen Sie Umformulierungen vor:** An Stelle von *„Ich kann das ja gar nicht"* können Sie anbieten *„Was ist an der Situation veränderbar?"* Statt der stabilen Bewertung *„nie wieder"* können Sie die variable Bewertung *„noch nicht geklappt"* formulieren.

    Am Beispiel des Mitarbeiters mit dem kranken Kind könnte eine selbstwertdienliche Formulierung wie folgt lauten: *„Sie haben jahrelang erfolgreich Gespräche geführt und besitzen die erforderlichen Kompetenzen dafür* (Dimensionen: internal und stabil). *Nur momentan*

> *sind Sie sehr beansprucht, da Ihr Kind krank ist* (Dimensionen: external und variabel). *Das wird besser werden und dann können Sie auch wieder Ihr vorhandenes Potenzial zur Geltung bringen...*"
> - Achten Sie auf **selbstwertförderliches Feedback**. Beziehen Sie negatives Feedback auf konkrete Situationen und beschreiben Sie, welches Verhalten und Vorgehen Sie sich in Zukunft wünschen. Formulieren Sie negatives Feedback immer verhaltensbezogen (und nicht i. S. v. stabilen Eigenschaften der Person).

▶ *Welchen Attributionsstil haben Sie bei sich selbst schon bemerken können?*
▶ *Welche Attributionsstile beobachten Sie bei Ihren Mitarbeitern?*
▶ *Wie können Sie Ihr Feedback weiter optimieren, sodass Ihre Mitarbeiter Ihre Rückmeldung zu Leistungseinschränkungen verstehen und annehmen können und zugleich ermutigt werden, an diesen Punkten zu arbeiten?*

Kompetenzen auf- und ausbauen
Liegen die Leistungsdefizite darin begründet, dass ein Mitarbeiter momentan nicht (mehr) über die notwendigen Kompetenzen verfügt, sind Sie gut beraten, (zunächst) in **langfristigen Kompetenzaufbau zu investieren**. Der systematische Kompetenzaufbau wird in Abschn. 6.3 dargestellt. Bestenfalls kann Leistungseinschränkungen, die in erster Linie auf dem Können von Mitarbeitern basieren, durch **gute kontinuierliche Personalentwicklung** vorgebeugt werden.

Grundsätzlich könnten Sie Mitarbeiter auch von ihren **Aufgaben befreien** oder sie dabei unterstützen, einen **neuen Job** zu finden. Dabei sollten Sie jedoch sämtliche Konsequenzen für den Mitarbeiter (Einkommenseinbußen, Gesichtsverlust, Selbstwirksamkeitserleben▲ etc.) genau abwägen. Ein solches Vorgehen – insbesondere, wenn es die erste Reaktion auf einen Leistungsabfall ist – kann auch für Ihr Team weitreichende Folgen haben. Es könnte der Eindruck einer Hire-and-fire-Kultur entstehen: „Wenn ich nicht mehr die Leistung bringe, werde ich entsorgt ..." Dies kann einen **negativen Effekt auf Bindung und Motivation** aller Ihrer Mitarbeiter haben. Und auch von Ihnen als Führungskraft kann ein falsches Bild entstehen: Wenn eine Führungskraft immer wieder Personen, die schlechte Leistung zeigen, aus ihrem Team „herausentwickelt", kann (zurecht) der Eindruck entstehen, dass diese Führungskraft schlecht darin ist, geeignetes Personal auszuwählen, Mitarbeiter zu entwickeln oder beides.

In der Regel sollte daher erst einmal in Kompetenzaufbau investiert werden. Wie Sie Mitarbeiter beim Erweitern ihrer Kompetenzen unterstützen können, erfahren Sie in Abschn. 6.3.

6.2 Problembewusstsein schaffen

Zusammenfassung 6.2

Wenn ein Mitarbeiter Leistungsdefizite aufweist, er sich selbst aber *nicht* als leistungsschwach sieht, müssen Sie als Führungskraft zunächst einmal – **auf annehmbare und bestimmte Weise** – **Problembewusstsein beim Mitarbeiter erzeugen.** Im folgenden Abschnitt wird hierfür ein konkretes Vorgehen beschrieben.

Wenn der Mitarbeiter selbst keine Leistungseinschränkungen bei sich wahrnimmt, **Selbst- und Fremdbild somit auseinanderliegen,** müssen Sie zunächst einmal darüber sprechen, **welche Leistungen** konkret von ihm erwartet werden (siehe Abschn. 6.1.2). Es gilt, die Anforderungen und dann auch die erbrachte und die nicht erbrachte Leistung klar zu benennen.

Kommen Sie darüber ins Gespräch, **welche Aufgaben** Ihr Mitarbeiter in seinem Zuständigkeitsbereich sieht und wie er seine **Zielerfüllung** prozentual einschätzen würde. Die Empfehlung ist, dies – wie in Abb. 6.4 dargestellt – gemeinsam „mit Stift und Papier" zu tun. Anhand eines Säulendiagramms lässt sich schnell identifizieren, ob die Perspektiven über die zu erledigenden Aufgaben zwischen Mitarbeiter und Führungskraft übereinstimmen. Bei unterschiedlichem Einschätzen des Erfüllungsgrades müssen Sie als Führungskraft benennen, was Sie von Ihrem Mitarbeiter zudem erwartet hätten, damit Sie die Aufgabe als erfüllt bewertet hätten. Konkretere Hinweise für das Gespräch finden Sie im Folgenden.

Formulierungsvorschläge für das Erstgespräch, wenn Selbst- und Fremdbild nicht übereinstimmen
Das Ziel des Gesprächs sollte sein, Problembewusstsein beim Mitarbeiter zu schaffen und ihm zu verdeutlichen, dass Ihre Einschätzung seiner Leistung (Fremdbild) nicht mit dem übereinstimmt, wie er sich selbst einschätzt (Selbstbild).

Folgende Formulierungsbausteine können beim Vorbereiten und Durchführen des Gesprächs helfen (siehe auch Abb. 6.5):

1. Einstieg:
 „Wir sind heute zusammengekommen, um über Ihre Leistung zu sprechen."
2. Ihre Selbsteinschätzung:
 „Wie schätzen Sie Ihre Leistung auf einer Skala von 0–100 ein?"
 „Warum schätzen Sie Ihre Leistung so hoch ein? Begründen Sie dies bitte. Was haben Sie bereits alles geleistet/erreicht?"
 „Und welche Ziele haben Sie noch nicht erreicht?"
 → Notieren Sie die Selbsteinschätzung Ihres Mitarbeiters, wie auf der linken Säule in Abb. 6.4 zu sehen ist. In der Abbildung sind die Buchstaben A, B und C Platzhalter für die erreichten Ziele/Leistungen, D steht stellvertretend für noch nicht Erreichtes.

Abb. 6.4 Problembewusstsein schaffen. Mit freundlicher Genehmigung von ©Organisationsentwicklung Ryschka, www.ryschka.de 2019. All Rights Reserved

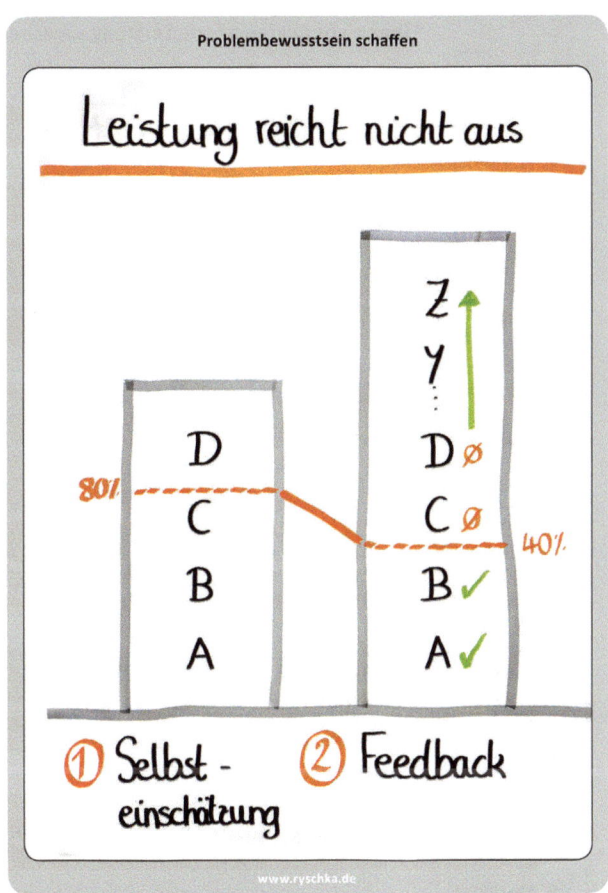

3. Meine Einschätzung als Führungskraft:
   „*Mein Bild ist, Sie haben die Aufgaben A und B gut erfüllt, C und D jedoch noch nicht, weil...*"
   → Schreiben Sie die Aufgaben/Themen (hier: A, B, C und D) auf gleicher Höhe rechts neben die Säule Selbsteinschätzung. Ihre Säule (Feedback) zeichnen Sie zu dem Zeitpunkt noch nicht ein (siehe rechte Säule in der Abb. 6.4).
   „*Aus meiner Sicht fehlt hier noch... für eine zufriedenstellende Leistungserbringung.*"
   „*Zudem sollten Sie auch die Aufgaben X, Y und Z erledigen...*"
   → Schreiben Sie diese Aufgaben (auf der rechten Seite) oberhalb der anderen Aufgaben und zeichnen Sie dann die Feedback-Säule.
   „*Wenn ich das zusammenfasse, schätze ich Ihre Leistung insgesamt bei 40 % ein.*"

Über nicht ausreichende Leistung sprechen

1. Einstieg

„Wir sind heute zusammengekommen, um über Ihre Leistung zu sprechen."

2. Ihre Einschätzung:

„Wie schätzen Sie Ihre Leistung auf einer Skala von 0-100 ein?"

„Warum schätzen Sie Ihre Leistung so hoch ein? Begründen Sie dies bitte. Was haben Sie bereits alles geleistet/erreicht?"

„Und welche Ziele haben Sie noch nicht erreicht?"

3. Meine Einschätzung als Führungskraft:

„Mein Bild ist, Sie haben die Aufgaben A und B gut erfüllt, C und D jedoch noch nicht, weil…"

„Aus meiner Sicht fehlt hier noch… für eine zufriedenstellende Leistungserbringung."

„Zudem sollten Sie auch die Aufgaben X, Y und Z erledigen…"

„Wenn ich das zusammenfasse, schätze ich Ihre Leistung insgesamt bei x % ein."

4. Maßnahmen

„Lassen Sie uns überlegen, was Sie benötigen, damit Sie Ihre Leistung steigern können."

„An welchen Stellen brauchen Sie ggf. Unterstützung von mir – und welche?"

5. Gemeinsames Verständnis:

„Ich möchte sicherstellen, dass wir ein gemeinsames Verständnis von Ihren Aufgaben haben, daher bitte ich Sie noch einmal abschließend zu schildern, was Ihre Aufgaben sind."

6. Abschluss

„Ich freue mich, dass wir unser Bild haben abgleichen können und ich bin zuversichtlich, dass Sie mit den vereinbarten Maßnahmen auch Ihre Leistung steigern können."

„Lassen Sie uns in einem Monat (einer Woche) dazu wieder austauschen."

7. Dokumentation durch Mitarbeiter:

„Bitte halten Sie die Ergebnisse unseres Gesprächs auch noch für uns beide schriftlich fest und senden Sie mir diese bis morgen 16 Uhr zu."

www.ryschka.de

Abb. 6.5 Über nicht ausreichende Leistung sprechen. Mit freundlicher Genehmigung von ©Organisationsentwicklung Ryschka, www.ryschka.de 2019. All Rights Reserved. Download möglich

6.2 Problembewusstsein schaffen

4. Maßnahmen:
   „Lassen Sie uns überlegen, was Sie benötigen, damit Sie Ihre Leistung steigern können."
   „An welchen Stellen brauchen Sie ggf. Unterstützung von mir – und welche?"
5. Gemeinsames Verständnis:
   „Ich möchte sicherstellen, dass wir ein gemeinsames Verständnis von Ihren Aufgaben haben, daher bitte ich Sie noch einmal abschließend zu schildern, was Ihre Aufgaben sind."
6. Abschluss:
   „Ich freue mich, dass wir unser Bild haben abgleichen können und ich bin zuversichtlich, dass Sie mit den vereinbarten Maßnahmen auch Ihre Leistung steigern können. Lassen Sie uns in einem Monat (einer Woche) dazu wieder austauschen."
7. Dokumentation durch Mitarbeiter:
   „Bitte halten Sie die Ergebnisse unseres Gesprächs auch noch für uns beide schriftlich fest und senden Sie mir diese bis morgen 16 Uhr zu."

Je nachdem, wie schnell Sie mit Ihrem Mitarbeiter ein gemeinsames Verständnis darüber finden, wie es um die tatsächliche Leistungserbringung bestimmt ist, werden Sie unterschiedlich „harte" Aussagen treffen. Am Ende des Gesprächs muss dem Mitarbeiter klar sein, dass Sie beide unterschiedliche Einschätzungen seiner Leistungen haben, was Sie konkret von ihm an Leistung erwarten und wie er sich dahin entwickeln kann. Sprechen Sie Ihre Zuversicht aus, dass er diese Leistungen erbringen kann.

Das Wichtigste ist nun: Sie müssen als Führungskraft dranbleiben! Kommen Sie regelmäßig ins Gespräch über die Leistungserbringung, um Ihre Einschätzungen abzugleichen und **Rückmeldung** zu geben. Auch kleine Schritte in die „richtige Richtung" können Sie mit positivem Feedback verstärken.

Verhaltensveränderungen zeigen sich in der Regel nur, wenn Menschen die positiven Effekte, die mit dieser Verhaltensveränderung verbunden sind (z. B. das Ausbleiben von Kritikgesprächen und die Anerkennung durch die Führungskraft) als höher einschätzen als die Vorteile, die sie vom Beibehalten des jetzigen Verhaltens haben (z. B. sich nicht der ungeliebten Aufgabe „D" widmen zu müssen).

Gespräche führen hat einen Effekt
Welche Wirkung haben Sie in dieser Situation als Führungskraft? Dafür möchten wir einen Dialog aus einem Führungskräftetraining etwas vereinfacht schildern:

Führungskraft: *„Die Leistung meines Mitarbeiters fällt ab."*
Berater: *„Und was machen Sie dann?"*
Führungskraft: *„Ich rede mit meinem Mitarbeiter darüber."*

Berater:	*„Und dann?"*
Führungskraft:	*„Die Leistung ist wieder da, fällt aber nach zwei Wochen wieder ab."*
Berater:	*„Und was machen Sie dann?"*
Führungskraft:	*„Ich spreche das Thema wieder an..."*
Berater:	*„... mit welchem Effekt?"*
Führungskraft:	*„Die Leistung steigt wieder."*

Ist das nicht wunderbar? **Führung hat einen Effekt!** In dieser Trainingssequenz ist die Abb. 6.6 entstanden. Wenn die Leistung eines Mitarbeiters nicht stimmt,

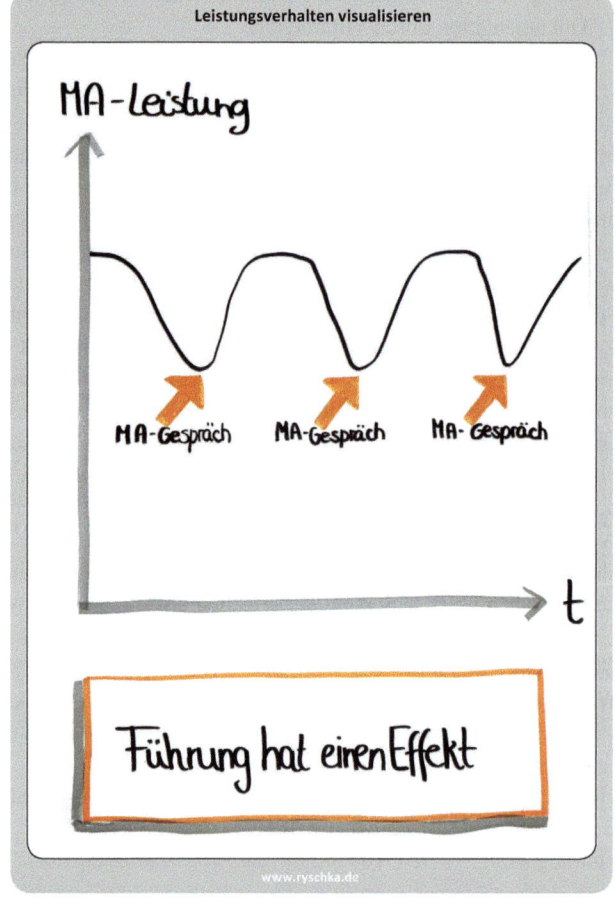

Abb. 6.6 Leistungsverhalten visualisieren. Mit freundlicher Genehmigung von ©Organisationsentwicklung Ryschka, www.ryschka.de 2019. All Rights Reserved

müssen Sie solange Gespräche führen, bis die Leistung wieder passt. Seien Sie sich stets bewusst, dass dieses Vorgehen auch eine positive Wirkung auf das gesamte Team hat. Gerade Leistungsträger schätzen es, wenn Schlechtleistung nicht toleriert wird und Leistungsunterschiede gesehen werden. Wenn Sie mehrere Gespräche geführt haben, die Leistung danach wieder angestiegen ist und dann langsam wieder abfällt (siehe Abb. 6.6), können Sie mit Ihrem Mitarbeiter auch auf einer Metaebene darüber sprechen.

Zeichnen Sie Ihrem Mitarbeiter die Leistungskurve inklusive der Effekte Ihrer Gesprächsinterventionen auf. Fragen Sie, was Sie gemeinsam tun können, damit die Leistung auch ohne die regelmäßigen Kritikgespräche auf einem guten Niveau bleibt – am Sollen und Können liegt es ja nicht (siehe Abschn. 6.1.2 und 6.1.3).

6.3 Kompetenzen ausbauen

Zusammenfassung 6.3

Zu den grundlegenden Aufgaben von Führungskräften gehört es, sicherzustellen, dass ihre Mitarbeiter über die **für die Zielerreichung erforderlichen Kompetenzen** verfügen. Wenn Leistungseinschränkungen eines Mitarbeiters in seinem **Können** begründet liegen – unabhängig davon, ob er sich den Einschränkungen sehr wohl bewusst ist oder Sie als Führungskraft zunächst Problembewusstsein schaffen müssen – heißt es: **Kompetenzen auf- und ausbauen!**

Dabei wird der individuelle Entwicklungsbedarf über den Abgleich von Zielen und Aufgaben auf der einen Seite mit den vorhandenen Kompetenzen auf der anderen Seite festgestellt. Anschließend werden Entwicklungsziele definiert und entsprechende (Trainings-)Maßnahmen entwickelt und umgesetzt. Aufgabe der Führungskraft ist es, insbesondere sicherzustellen, dass die neu erworbenen Kompetenzen zur Anwendung kommen und so zu einer Leistungssteigerung führen (siehe Abb. 6.7).

Idealerweise findet Weiterentwicklung **kontinuierlich und vorausschauend** statt und nicht erst als reaktive Maßnahme, wenn deutlich wird, dass Mitarbeiter den Leistungserwartungen nicht mehr entsprechen können. Gute Personalentwicklung zeichnet sich weiterhin dadurch aus, dass sie **systematisch, zielgerichtet und durch Sie als Führungskraft begleitet** stattfindet. Das „Gießkannenprinzip" (i. S. v. einer Weiterbildungsmaßnahme für alle) oder das Vorgehen, dass sich Mitarbeiter aus einem Trainingskatalog jährlich ein beliebiges Training ihrer Wahl aussuchen können (und damit Personalentwicklung „abgehakt" wird), sollten der Vergangenheit angehören.

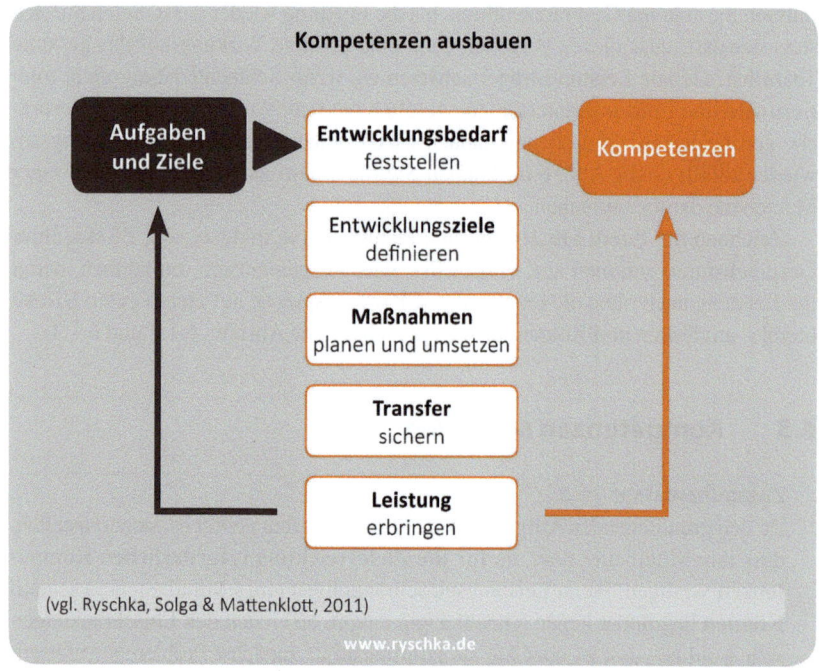

Abb. 6.7 Kompetenzen ausbauen. Mit freundlicher Genehmigung von ©Organisationsentwicklung Ryschka, www.ryschka.de 2019. All Rights Reserved

In diesem Kapitel wollen wir Sie dazu anregen, das Thema Personalentwicklung noch stärker auf Ihre Führungsagenda zu setzen. Nutzen Sie die Personalabteilung als wertvollen Sparringspartner und nehmen Sie **Ihre Verantwortung für die Weiterentwicklung Ihrer Mitarbeiter** als originäre Führungsaufgabe ernst: Sie (und Ihre Mitarbeiter!) wissen am besten, welche Kompetenzen notwendig sind, um jetzige und zukünftige Aufgaben in Ihrer Abteilung erfolgreich auszuführen.

Systematisch Kompetenzaufbau betreiben[3]
Personalentwicklung fängt beim **Feststellen des Entwicklungsbedarfes** an. Dieser ergibt sich aus dem Abgleich von Zielen/Aufgaben mit den vorhandenen Kompetenzen (vgl. Abb. 6.7).

---

[3] Für einen tieferen Einblick in den umfangreichen Prozess der Personalentwicklung: Ryschka et al. (2011). *Praxishandbuch Personalentwicklung. Instrumente, Konzepte, Beispiele* (3. neubearbeitete Auflage). Wiesbaden: Gabler.

6.3 Kompetenzen ausbauen

- Welche **Ziele** müssen die Mitarbeiter (zukünftig) erreichen?
- Welche **Kompetenzen** bringen sie für diese Aufgaben bereits mit?
- Inwieweit reichen die vorhandenen Kompetenzen für die Zielerreichung aus?
- Welche Kompetenzen müssen auf- oder ausgebaut werden?

Der Entwicklungsbedarf kann dabei ganz unterschiedlich ausfallen und in sehr spezifische **Entwicklungsziele** münden, wie z. B. ein Computerprogramm erlernen. Neben dem Ziel, konkrete fachliche Kompetenzen aufzubauen, kann es genauso gut um Verhaltensweisen gehen, die ein Mitarbeiter erlernen oder verbessern soll (z. B. im Umgang mit Kunden).

Weiterbildungsmaßnahmen planen und umsetzen
Haben Führungskräfte und Mitarbeiter ein gemeinsames Verständnis davon, welche weiteren Kompetenzen dem Mitarbeiter helfen würden, seine Aufgaben noch besser zu erledigen, geht es um die Auswahl entsprechender **Weiterbildungsmaßnahmen**. Kompetenzaufbau muss nicht heißen, dass die Mitarbeiter auf externe Seminare geschickt werden – auch wenn das (leider) häufig die vorrangige Assoziation mit dem Begriff Personalentwicklung ist.

Interne Schulungen, Coaching, Mentoring, das Besuchen von Kongressen, Lesen von Fachliteratur etc. stellen weitere wichtige Bausteine der Personalentwicklung dar. Die oftmals beste Weiterbildung findet **während der Tätigkeit** statt („training on the job") – z. B. angeleitet durch Kollegen oder die Führungskraft.

Beispiele für „**training on the job**" könnten sein:
- **Neuartige Aufgaben** werden an Mitarbeiter delegiert und diese dabei gecoacht.
- **Patenschaften** für Mitarbeiter zum Anlernen bei neuen Tätigkeiten oder bei neu ins Team kommenden Mitarbeitern werden etabliert.
- Kollegen arbeiten sich in neue Aufgaben zu zweit ein und **unterstützen sich gegenseitig.**
- **Kollegen trainieren Kollegen** bei der Arbeit.
- Kollegen halten **kurze Schulungseinheiten** (30–60 min), deren Inhalte direkt im Anschluss von den übrigen Kollegen umgesetzt werden und so zur Anwendung kommen (z. B. welche hilfreichen Short Keys es auf der Tastatur gibt, wie man den Outlook-Posteingang gut organisieren oder wie mit Einwänden anderer gut umgegangen werden kann).

Lernen während der Tätigkeit bietet den klaren Vorteil, dass der **Lerntransfer** nach einer Maßnahme entscheidend erleichtert wird: Das neu Erlernte wird direkt angewendet, es muss nicht erst auf den eigenen Aufgabenbereich transferiert werden.

Denn systematische Personalentwicklung hört nicht nach dem Umsetzen von Weiterbildungsmaßnahmen auf: Der **Transfer** von Personalentwicklungsmaßnahmen an den jeweiligen Arbeitsplatz, in die jeweilige Tätigkeit ist unerlässlich. Andernfalls verpufft der Weiterentwicklungseffekt schnell und Personalentwicklung bekommt den Stellenwert eines „netten Zeitvertreibs" (vgl. Solga 2011).

Handlungsempfehlungen

- Senden Sie deutliche Signale, dass Ihnen kontinuierlicher **Kompetenzaufbau ein wichtiges Anliegen** ist und Sie Ihre Mitarbeiter **beim Lerntransfer unterstützen.**
- **Besprechen Sie vor einer Weiterbildungsmaßnahme, was** während der Maßnahme **gelernt** werden soll und warum.
- Sprechen Sie als Führungskraft Ihre Erwartung aus, **dass das neu Erlernte** am Arbeitsplatz auch **umgesetzt** wird.
- Zeigen Sie **Verständnis**, dass das **Anwenden von neu Erlerntem** am Anfang ggf. auch mit einem **erhöhten Zeitaufwand** verbunden ist.
- **Besprechen Sie nach einer Maßnahme** zum Kompetenzaufbau, was Ihr Mitarbeiter gelernt hat und **was notwendig** ist, damit das Gelernte auch gleich **zur Anwendung** kommen kann. Prüfen Sie, wie Sie Ihren Mitarbeiter dabei bestmöglich unterstützen können.

▶ *Wie lernen Sie selbst während Ihrer Tätigkeit?*
▶ *An welchen Stellen könnten Sie das Potenzial vom „training on the job" für Ihre Mitarbeiter noch stärker ausschöpfen?*
▶ *Wie wollen Sie als Führungskraft den Lerntransfer sicherstellen?*

6.4 Exkurs: Mit psychischen Erkrankungen umgehen

Zusammenfassung 6.4
Generelle Leistungseinschränkungen vor dem Hintergrund möglicher psychischer Erkrankungen

Auch eine **Krankheit** – physisch oder psychisch – kann dazu führen, dass Mitarbeiter nicht mehr so leistungsfähig sind wie zuvor. Jedes Jahr sind ca. 28 % der deutschen Bevölkerung von mindestens einer psychischen Störung betroffen (Jacobi et al. 2014) – womit es sehr wahrscheinlich ist, dass Sie als Führungskraft damit in Berührung kommen. Doch der Umgang mit Mitarbeitern, die unter einer psychischen Erkrankung leiden, stellt Führungskräfte vor große Herausforderungen. Wie sollen Sie dieses schwierige Thema bei dem

6.4 Exkurs: Mit psychischen Erkrankungen umgehen

Mitarbeiter ansprechen? Oder sollen Sie warten bis der Mitarbeiter das Gespräch von sich aus darauf lenkt? Sollen Mitarbeiter mit psychischen Erkrankungen geschont werden, welche Leistungserwartungen sind angemessen? Grundlage für ein erfolgreiches Handeln in diesen Situationen ist die **Klarheit bzgl. der eigenen Rolle** im Umgang mit erkrankten Mitarbeitern. Im Wesentlichen geht es dabei um ein Ausbalancieren von **Unterstützen und Einfordern** (siehe Abb. 6.8). Als Führungskraft können Sie psychische Erkrankungen nicht diagnostizieren – und sollten dies auch nicht tun! Sie werden aber **Veränderungen im (Leistungs-)Verhalten Ihres Mitarbeiters** beobachten (siehe Abb. 6.9). Diese gilt es, genau beschreiben zu können. Das **5V-Modell** gibt Ihnen Orientierung zum Umgang mit psychisch Erkrankten (siehe Abb. 6.10) und ein **Leitfaden** unterstützt Sie dabei, Mitarbeiter auf die wahrgenommenen Verhaltensänderungen anzusprechen und das weitere Vorgehen mit Ihrem Mitarbeiter abzustimmen (siehe Abb. 6.11). Im letzten Abschnitt wird der spezielle Umgang mit dem Thema **Sucht** thematisiert.

▶ *Sind Sie in Ihrer Führungstätigkeit schon mit psychischen Erkrankungen von Mitarbeitern konfrontiert worden? Was ist in diesen Situationen wichtig und hilfreich gewesen? Was würden Sie anderen Führungskräften in solch einer Situation raten?*

▶ *An wen können Sie sich in Ihrer Organisation wenden, wenn Sie vermuten, dass Mitarbeiter psychische Erkrankungen haben? Welche Maßnahmen zur Begleitung dieser Situationen gibt es in Ihrer Firma? Gibt es einen betriebs- oder werksärztlichen Dienst, Suchtberater, Spezialisten in der Personalabteilung oder Ansprechpartner bei der Personalvertretung?*

▶ *Wie erleben Sie den Umgang in Ihrer Organisation mit psychischen Erkrankungen? Was würden Sie sich diesbezüglich wünschen – z. B. mehr Unterstützung seitens der Firma, mehr Informationen zu psychischen Erkrankungen, mehr Offenheit in der Belegschaft zu diesem Thema?*

Psychische Erkrankungen sind **schwer greifbar** und leider vielfach noch **mit Vorurteilen belegt**. Kann man einen Beinbruch offensichtlich sehen und hat man von einer schwerwiegenden physischen Erkrankung wie bspw. einer Krebserkrankung ein gutes Bild, so fällt es wesentlich schwerer, sich etwas unter einer Depression, einer Angst- oder Zwangsstörung vorzustellen. Der sicher wohlgemeinte Rat „*Reiß dich doch mal zusammen!*" macht deutlich, dass vielfach noch das Bild in den Köpfen vorherrscht, dass man die Symptome einer psychischen Erkrankung einfach abstellen könne. Psychische Erkrankungen können – wie physische Erkrankungen schließlich auch – jeden Menschen treffen.

Psychische Erkrankungen stellen eine große Belastung und eine häufig ebenso lebensgefährdende Situation wie manche physischen Erkrankungen dar. **Diese Erkrankungen müssen ernst genommen und behandelt werden.** Je eher notwendige Therapiemaßnahmen begonnen werden, umso besser. Als Führungskraft sollten Sie sich nicht scheuen, Auffälligkeiten anzusprechen.

Rollenklarheit als Führungskraft bewahren
Wenn Sie sich als Führungskraft Sorgen um die psychische Gesundheit Ihres Mitarbeiters machen, ist es enorm wichtig, **sich der eigenen Rolle klar zu sein.** Ihre Aufgabe als Führungskraft ist es, Mitarbeiter zu befähigen, die erforderliche Arbeitsleistung zu erbringen und dabei Ihrer Fürsorgepflicht nachzukommen, also Mitarbeiter vor Gefahren für Leben und Gesundheit am Arbeitsplatz zu schützen.

Balance zwischen Unterstützer und Forderer
Als Führungskraft wollen Sie Ihre Mitarbeiter in einer schwierigen Situation **unterstützen.** Auf der anderen Seite müssen Sie **Stellung beziehen zu den Leistungen und dem Verhalten,** das der Mitarbeiter zeigt, und die erforderliche **Arbeitsleistung ganz konkret einfordern** – sofern diese nicht (mehr) ausreichend ist (vgl. Abb. 6.8).

- **Unterstützung bieten:** Als Führungskraft zeigen Sie **Verständnis** für die Situation des Mitarbeiters (die sich der Mitarbeiter ja nicht ausgesucht hat!), machen **Hilfsangebote** und unterstützen bei der **Problemlösung.** Achtung, diese Seite hat ihre **Grenzen:** Sie sind **kein Diagnostiker und Therapeut** und erst recht kein Retter. Führungskräfte sind keine Angehörigen und keine Freunde. Wenn der Mitarbeiter in **professioneller Behandlung** ist oder es gelingt, dass er diese aufsucht, ist der **entscheidende Schritt** für Sie als Führungskraft getan!
- **Leistung fordern:** Gleichzeitig müssen Sie als Führungskraft **Position zur aktuellen Situation und einer nicht ausreichenden Leistung bzw. dem nicht passenden Verhalten beziehen und die Arbeitsleistung einfordern,** d. h. klare Erwartungen bzgl. der Leistung und des Verhaltens formulieren, den Handlungsrahmen definieren und Rückmeldungen geben.

Dadurch signalisieren Sie Ihrem Mitarbeiter: *„Ich nehme Sie und Ihre Leistung ernst und ich sorge mich um Ihr Wohlbefinden!"* Es geht um die **Balance zwischen Unterstützen und Einfordern.** Das **Ignorieren von Schlechtleistung oder Fehlverhalten,** das aufgrund psychischer Probleme entstehen kann, führt mit hoher Wahrscheinlichkeit **nicht zu einer Besserung der ggf. zugrundeliegenden psychischen Probleme** der betroffenen Person. Im ungünstigen Fall kann es den

6.4 Exkurs: Mit psychischen Erkrankungen umgehen

Abb. 6.8 Rollenklarheit als Führungskraft. Mit freundlicher Genehmigung von ©Organisationsentwicklung Ryschka, www.ryschka.de 2019. All Rights Reserved. Download möglich

„Sonderstatus" des betroffenen Mitarbeiters noch zusätzlich negativ verstärken: *„Meine Führungskraft behandelt mich anders als meine Kollegen. Meine Führungskraft erwartet nichts mehr von mir – warum auch?"* Führungskräfte müssen daher – wie immer bei unzureichender Arbeitsleistung – Rückmeldungen geben, Erwartungen formulieren und den Handlungsrahmen definieren.

Das **Einfordern von Leistung** kann dem Mitarbeiter sogar helfen, einzusehen, dass es so nicht weitergehen kann und er professionelle Hilfe in Anspruch nehmen muss.

Im weiteren Verlauf erfahren Sie, auf welche Verhaltensänderungen Sie achten sollten, wie Sie auf Verhaltensänderungen reagieren und wie Sie die Themen mit Ihrem Mitarbeiter ansprechen können. Das **Ziel** ist, dass Menschen mit psychischen Erkrankungen **zügig professionelle Unterstützung** bekommen.

Veränderungen wahrnehmen auf verschiedenen Ebenen
Wenn es um psychische Erkrankungen geht, sind viele Menschen (zurecht) verunsichert, wie sie diese bei anderen Personen erkennen sollen. Nicht wenige Führungskräfte berichten, dass andere Menschen um sie herum Veränderungen bei ih-

ren Mitarbeitern viel schneller bemerkt haben als sie selbst. Gerade Führungskräfte, die eine große Führungsspanne haben oder deren Job viel Reisetätigkeit erfordert, sehen ihre Mitarbeiter zum Teil wesentlich seltener und weniger intensiv als deren direkte Kollegen.

Zudem sind wir Menschen nicht sonderlich gut darin, kleinere Veränderungen wahrzunehmen. Wir denken **konzeptgesteuert** (Kelley 1987). Das heißt, wenn wir uns erst einmal ein Bild von einer Person gemacht haben, nehmen wir alle folgenden Dinge entsprechend dieses Bildes wahr. Anders formuliert: Was wir erwarten, sehen wir auch! Damit muss ein Verhalten deutlich anders sein, damit wir eine Abweichung von unserem „Konzept dieser Person" bemerken und unser ursprüngliches Konzept in Frage stellen.

Handlungsempfehlungen

Seien Sie – mit diesem Wissen – also **wachsam**, wenn Sie auch nur ein „kleines Gefühl" haben, **„dass hier etwas nicht stimmt"**. Diesem Eindruck sollten Sie bewusst nachgehen.

Der Arbeitsplatz ist oft der Ort, an dem psychische Erkrankungen von Menschen erst relativ spät sichtbar werden. Viele Erkrankte versuchen „noch irgendwie" ihre Arbeitsleistung zu bringen. Eine wichtige Botschaft für Führungskräfte ist daher: Das, was Ihre Mitarbeiter „noch" an Leistung zeigen, ist oftmals das, was gerade noch möglich ist! Im Privatleben zeigen sich die Veränderungen häufig schon viel massiver.

Dennoch zeigen sich psychische Probleme mit hoher Wahrscheinlichkeit irgendwann auch im Arbeitsleben. Die psychische Gesundheit eines Menschen – positiv wie negativ – wirkt sich auch auf die berufliche Rolle aus, d. h. auf die Anwesenheit, die Leistung, das Arbeitsverhalten, den Umgang mit Kunden, Kollegen, Vorgesetzten usw. Veränderungen aufgrund einer psychischen Erkrankung zeigen sich meist auf verschiedenen Ebenen.

Die folgenden vier Ebenen (Riechert 2015) helfen als **Suchfeld für die Wahrnehmung von Veränderungen** (siehe auch Abb. 6.9):

1. **Arbeits- und Leistungsverhalten:** Typische Veränderungen im Arbeits- und Leistungsverhalten eines Mitarbeiters umfassen zunehmende **Fehlzeiten** (auch tageweise oder plötzlich fehlen), **Unpünktlichkeit, vermehrte Pausen, Leistungsabfall oder -schwankungen** sowie **Konzentrationsschwierigkeiten**.

   Veränderungen auf dieser Ebene *müssen* von Führungskräften angesprochen werden. Wenn sich psychische Erkrankungen sehr deutlich auf der Arbeits- und Leistungsebene zeigen, bietet Ihnen dies einen oftmals „einfacheren Einstieg"

6.4 Exkurs: Mit psychischen Erkrankungen umgehen

Abb. 6.9 Veränderungen auf vier Dimensionen beobachten. Mit freundlicher Genehmigung von ©Organisationsentwicklung Ryschka, www.ryschka.de 2019. All Rights Reserved. Download möglich

in das Gespräch über mögliche psychische Probleme – es ist nun einmal die offenkundige Aufgabe von Führungskräften, über Arbeit und Leistung mit Mitarbeitern zu sprechen.

2. **Sozialverhalten:** Typische Veränderungen im Sozialverhalten umfassen Aspekte wie **Rückzugsverhalten,** erhöhte **Streitbarkeit, Misstrauen, aggressive Reaktionen** und generell **unangemessene Reaktionen.**

Hat ein Mitarbeiter zuvor z. B. gerne an der gemeinsamen Mittagspause teilgenommen, fällt es mit der Zeit sicher auf, wenn sich dieser Mitarbeiter immer mehr zurückzieht und den Kontakt mit anderen scheut. Auch wenn vermehrt Streitigkeiten mit dieser Person auftreten, kann dies ein Indiz dafür sein, dass psychische Probleme vorliegen.

3. **Gefühlsausdruck:** Typische Veränderungen im Gefühlsaudruck zeichnen sich z. B. aus durch eine wahrnehmbare **Niedergeschlagenheit, Ängste,** ungewöhnliche **Klagsamkeit,** vermehrte **Reizbarkeit,** das **Äußern von Lebensüberdruss, Resignation,** aber auch **Ausdrücke besonderer Großartigkeit und Genialität** sowie **Euphorie.**

Wirkt ein Mitarbeiter über einen längeren Zeitraum hinweg ungewöhnlich bedrückt und klagt viel, kann dies ein Zeichen für eine psychische Erkrankung sein.

4. **Alltagsverhalten:** Typische Veränderungen im Alltagsverhalten beziehen sich u. a. auf die **Kleidung, Hygiene** und **Mobilität** einer Person.

Wenn ein Mitarbeiter auf einmal schlechter gekleidet zur Arbeit erscheint und es an Hygiene mangeln lässt, kann auch dies auf psychische Probleme hindeuten.

Handlungsempfehlungen

Wenn **Veränderungen auf einer der vier Ebenen** durch Sie oder andere beobachtet werden, seien Sie wachsam, ob sich auch in anderen Bereichen Veränderungen zeigen. Diese Veränderungen bilden die **Grundlage für das Gespräch** mit Ihrem Mitarbeiter, in dem Sie Ihre Beobachtungen rückmelden.

Mögliche Auswirkungen psychischer Erkrankungen am Arbeitsplatz
Psychische Erkrankungen können sich auf unterschiedliche Weise im Arbeitsleben zeigen. Zwei häufig auftretende Erkrankungen – Depression und Alkoholabhängigkeit – sollen hier kurz skizziert werden.

- Eine **Depression** umfasst Symptome wie Interessens- und Freudeverlust, verminderten Antrieb oder gesteigerte Ermüdbarkeit, Suizidgedanken, depressive Stimmung, Konzentrationsschwierigkeiten usw. Mögliche Auswirkungen im Arbeitsleben können **vermehrte Unpünktlichkeit, steigende Fehltage** und Pausen, **Flüchtigkeitsfehler,** das **Ablehnen herausfordernder Aufgaben, Rückzug von Kollegen** etc. sein.
- Eine **Alkoholabhängigkeit** zeichnet sich u. a. durch starkes Verlangen oder Zwang aus, die Substanz zu konsumieren, eine verminderte Kontrolle über den Substanzgebrauch und Toleranzentwicklung. Am Arbeitsplatz kann sich dies folgendermaßen zeigen: **Einschränkung von Denken, Konzentration und Aufmerksamkeit,** Rückzugsverhalten, um den Konsum zu vertuschen, Fehler in der Aufgabenbearbeitung, häufige, einzelne Fehltage usw.

6.4 Exkurs: Mit psychischen Erkrankungen umgehen

Wenn Sie die Auswirkungen im Berufsleben bei den beiden skizzierten Erkrankungen vergleichen, dann werden Sie feststellen, dass sich ganz **ähnliche Symptome** zeigen können – und dies **bei ganz unterschiedlichen psychischen Erkrankungen.** Die Botschaft lautet hier: Achtung, es lassen sich aus dem beobachteten Verhalten **keine Rückschlüsse auf ein Krankheitsbild** ziehen! Sie sind kein Diagnostiker, kein psychologischer Psychotherapeut oder Psychiater – eine Diagnose zu stellen, ist auch nicht Ihre Aufgabe. Sie sollten hierzu auch keine Vermutungen äußern.

Als Führungskraft haben Sie Ihre Rolle **voll und ganz erfüllt,** wenn Sie

- Verhaltensauffälligkeiten **erkennen,**
- diese dann auch **ansprechen** und
- Ihren Mitarbeiter dabei **unterstützen, professionelle Hilfe in Anspruch zu nehmen.**

Vorgehen mit den 5V[4]

Wenn Führungskräfte vermuten, dass ein Mitarbeiter an einer psychischen Erkrankung leidet, hat sich folgendes **Vorgehen mit den 5V** bewährt (siehe Abb. 6.10). Dieses Vorgehen macht deutlich, dass Sie als Führungskraft nicht „direkt aufspringen" und den Mitarbeiter ansprechen müssen, wenn Sie die Vermutung haben, dass dieser psychisch erkrankt ist (außer beim Thema Sucht, s. u.). Im ersten Schritt gilt es, **Veränderungen in Arbeitsleistungen und Verhalten beim Mitarbeiter wahrzunehmen.** Natürlich liegt es in Ihrer Aufgabe als Führungskraft begründet, **Verantwortung** zu übernehmen, die wahrgenommenen Verhaltensänderungen also genauer zu betrachten und einzuschätzen. Dies bedeutet in den beiden letzten Schritten auch, die Veränderungen **anzusprechen** und **sich von Experten (Psychologen, Psychotherapeuten oder Medizinern) unterstützen** zu lassen, die darin ausgebildet sind, psychische Erkrankungen zu diagnostizieren und zu therapieren.

Das Vorgehen mit den 5V umfasst folgende fünf Schritte:

1. **Veränderungen wahrnehmen:**
   Seien Sie wachsam, wenn Ihnen (kleine) Verhaltensänderungen bei einem Mitarbeiter auffallen oder Arbeitskollegen Ihnen ihre Beobachtungen mitteilen. Nutzen Sie dann die oben beschriebenen **vier Suchfelder,** um zu prüfen, auf welchen Ebenen Sie Verhaltensänderungen erkennen können (vgl. Abb. 6.9).
2. **Verantwortung übernehmen:**
   Nehmen Sie Verhaltens- und Leistungsveränderungen beim Mitarbeiter wahr, müssen Sie (als Führungskraft) Verantwortung übernehmen und sich diesem

---

[4] Für dieses Modell danken wir unseren Kolleginnen Christina Demmerle und Ursula Luka-Krausgrill.

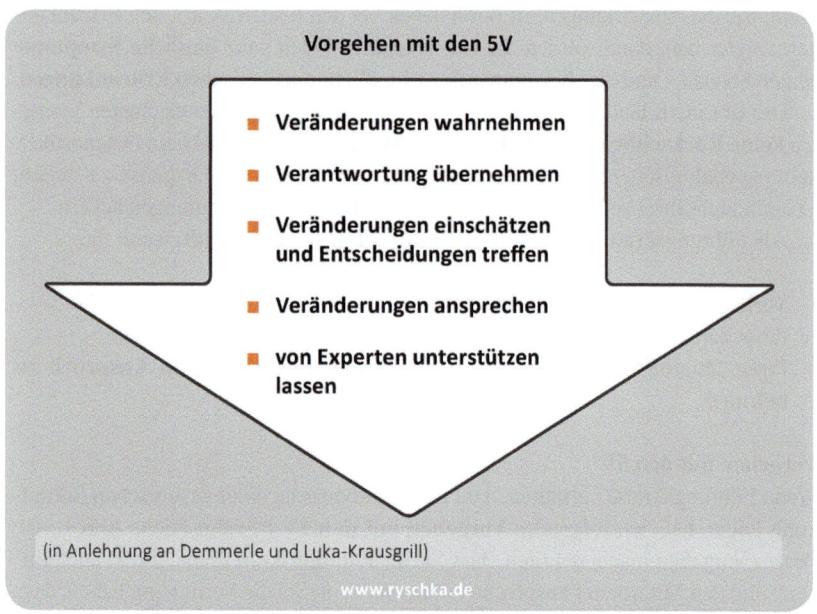

Abb. 6.10 Vorgehen mit den 5V. Mit freundlicher Genehmigung von ©Organisationsentwicklung Ryschka, www.ryschka.de 2019. All Rights Reserved. Download möglich

Thema ganz bewusst widmen – sei es, indem Sie das Thema direkt ansprechen oder erst einmal weiter beobachten.

3. **Veränderungen einschätzen und Entscheidung treffen (ggf. watchful waiting):** Wenn Sie die Vermutung haben, dass Ihr Mitarbeiter Unterstützung aufgrund psychischer Probleme braucht, müssen Sie das Gespräch nicht „sofort" suchen. Jeder Mensch darf auch mal schlechte Phasen haben. Sie können auch zu der Einschätzung kommen, dass Sie sich das Verhalten des Mitarbeiters die nächste Zeit verstärkt anschauen werden (= **watchful waiting**). Ggf. binden Sie eine andere Führungskraft vertraulich ein, die an dem Betroffen auch „nah dran" ist. So können Sie Ihr Bild prüfen und ergänzen. An dieser Stelle können Sie auch Experten, z. B. Ihren Betriebsarzt, hinzuziehen und mit diesem das weitere Vorgehen besprechen. Bedenken Sie dabei, dass der Arbeitsplatz häufig der Ort ist, an dem psychische Erkrankungen erst recht spät sichtbar werden (s. o.). Dies spricht dafür, **Verhaltensänderungen frühzeitig** anzusprechen. Einen **Abfall im Leistungsverhalten** sollten Sie immer **direkt ansprechen.**

6.4 Exkurs: Mit psychischen Erkrankungen umgehen

Wichtig ist, dass sich das Vorgehen beim Thema „Sucht" klar von „watchful waiting" unterscheidet. Substanzmissbrauch muss direkt angesprochen werden und Mitarbeiter, die alkoholisiert sind bzw. Drogen genommen haben, müssen sofort nach Hause geschickt werden (s. u. für weitere Hinweise zum Thema Alkohol und Drogen).

4. **Veränderungen ansprechen:**
Als Führungskraft müssen Sie Ihrem Mitarbeiter Verhaltensänderungen, die Sie wahrgenommen haben, spiegeln. Dabei ist es entscheidend, eine gute **Balance zwischen „unterstützen" und „fordern"** zu wahren. Für diese herausfordernden Gespräche finden Sie in Abb. 6.11 einen **Leitfaden** und weiter unten hilfreiche Fragen zur Vorbereitung.

5. **Von Experten unterstützen lassen:**
Als Führungskraft sind Sie in der Verantwortung, Veränderungen bei Mitarbeitern anzusprechen. Es ist aber nicht Ihre Aufgabe, die mögliche Erkrankung des Mitarbeiters zu diagnostizieren und zu therapieren. In vielen Organisationen finden sich Ansprechpartner, die Sie in solch einer Situation unterstützen: Personalabteilungen, Werksärzte etc. Auch nach einer möglichen Therapie stellen diese Ansprechpartner eine wichtige Unterstützung dar, wenn es um die Wiedereingliederung des Mitarbeiters geht. Nutzen Sie die **Experten,** die sich mit genau diesen Themen tagtäglich beschäftigen! Ziehen Sie diese für eine **fachkundige Einschätzung des Gesundheitszustandes des Mitarbeiters schnell hinzu.**

Wahrgenommene Veränderungen bei Mitarbeitern ansprechen
Wenn Sie Verhaltensauffälligkeiten bei einem Mitarbeiter ansprechen, sollten Sie in Ihrer Rolle als Führungskraft klar sein (s. o.). Mit der Haltung „unterstützen und fordern" geht es im ersten Gespräch darum, die **wahrgenommenen Verhaltensänderungen** zu benennen und Ihre **Sorge um Ihren Mitarbeiter** zum Ausdruck zu bringen. Abb. 6.11 stellt einen prototypischen Gesprächsablauf dar, den Sie für das Gespräch mit Ihrem Mitarbeiter nutzen können.

Eine hilfreiche Haltung – und auch **Ihre stärkste Botschaft** – für das Erstgespräch, bei dem Sie Ihrem Mitarbeiter aufzeigen, welche Verhaltensänderungen Sie wahrgenommen haben, ist daher: *„Ich bin in Sorge um Sie/dich!"*

Stellen Sie für das Gespräch eine **vertrauliche und ruhige Gesprächsatmosphäre** sicher und planen Sie ausreichend Zeit ein. Solche Gespräche sollten unter vier Augen und in Ruhe – nicht „zwischen Tür und Angel" – geführt werden.

Abb. 6.11 Auffälligkeiten ansprechen. Mit freundlicher Genehmigung von ©Organisationsentwicklung Ryschka, www.ryschka.de 2019. All Rights Reserved. Download möglich

1. **Veränderungen ansprechen, Eindruck und Sorge formulieren:** Machen Sie deutlich, dass Sie
   - ein ernsthaftes Interesse an dem Gesundheitszustand des Mitarbeiters haben: *„Wie geht es Ihnen?"*
   - Veränderungen auf verschiedenen Ebenen (Arbeits- und Leistungsverhalten, Sozialverhalten, Gefühlsausdruck und Alltagsverhalten; siehe Abb. 6.9) wahrgenommen haben: *„Ich habe wahrgenommen, dass ..."*
   - in Sorge um Ihren Mitarbeiter sind und sich ernsthafte Gedanken um die Gesundheit und Arbeitsleistung machen: *„Ich bin in Sorge, dass ..."*
   Nicht jeder Mitarbeiter wird sich in einem solchen (ersten) Gespräch öffnen (siehe Phase 2). Wenn Sie das Gespräch schon mehrfach gesucht haben, das

6.4 Exkurs: Mit psychischen Erkrankungen umgehen

einfache Ausdrücken von Sorge nicht ausreicht und Ihr Mitarbeiter immer wieder abwiegelt („alles in Ordnung"), können Sie auch deutlicher werden: *„Sie brauchen Hilfe!"*
Diese klare Ansprache ist vor allem dann wichtig, wenn es sich bei der Erkrankung um ein **Suchtproblem** handelt (s. u.). Die in vielen Organisationen existierenden Vereinbarungen zum Thema Sucht unterstützen das deutliche Ansprechen der Suchtproblematik durch ein genau beschriebenes Vorgehen.

2. **Perspektiven austauschen: Lassen Sie sich vom Mitarbeiter seine Sicht schildern und vertiefen Sie bei Bedarf Ihre Perspektive.** Möglicherweise erfahren Sie hier Neuigkeiten, z. B. könnte der Mitarbeiter Probleme im Privatleben haben, die das veränderte Verhalten des Mitarbeiters „erklären". Sollte es also andere nachvollziehbare Gründe geben, können Sie Ihre Hypothese einer psychischen Erkrankung erst einmal zurückstellen – und wachsam bleiben. Andererseits kann Ihr Mitarbeiter Ihnen auch sehr offen berichten, dass er psychische Probleme hat und diese bereits angegangen ist. Dann können Sie zur nächsten Phase wechseln. Genauso gut kann es aber auch sein, dass Ihr Mitarbeiter die wahrgenommenen Veränderungen verneint oder aber Gründe liefert, die in der Arbeit selbst, den Kollegen, Ihnen als Führungskraft etc. liegen. **Nehmen Sie die Perspektive Ihres Mitarbeiters ernst! Es geht nicht um „richtig" oder „falsch",** sondern darum, die Sichtweise Ihres Mitarbeiters zu verstehen. Und Sie müssen Ihre eigene Wahrnehmung der Dinge annehmbar und verständlich formulieren: *„Ich merke, es geht Ihnen nicht gut. Sie müssen mit mir auch nicht darüber sprechen. Mir ist es aber wichtig, dass Sie in diesem Thema professionelle Hilfe in Anspruch nehmen!"*

Zudem gilt es, **Erwartungen an Leistungen zu formulieren** (Balance zwischen Unterstützen und Fordern) und dies genau abzuwägen:
- Wenn sich Ihr Mitarbeiter öffnet und von eigenen Schwierigkeiten spricht, müssen Sie weniger stark die Leistung einfordern. Dann geht es erst einmal darum, dass die vermutliche psychische Erkrankung behandelt wird.
- Wenn Ihr Mitarbeiter aber nicht einsichtig ist und eine andere Wahrnehmung der Situation hat, dann müssen Sie die Leistungskomponente dementsprechend stärker betonen.

3. **Ansatzpunkte entwickeln:** Wenn Sie ein gemeinsames Verständnis darüber haben, dass es Ihrem Mitarbeiter in der jetzigen Situation nicht gut geht, schauen Sie gemeinsam, welche **Möglichkeiten es am Arbeitsplatz gibt, die zur kurzfristigen Entlastung und Genesung** beitragen können. Prüfen Sie, welche Einflussfaktoren im Bereich der Arbeit liegen.[5] Sie können auch sehr

---

[5] Beachten Sie an dieser Stelle, dass in den seltensten Fällen die Arbeit *alleine* den Grund für psychische Probleme darstellt! Psychische Probleme entstehen meist aus einer Vielzahl von auslösenden Faktoren, zu denen *u. a.* auch der Job gehören kann.

konkrete Hilfsangebote machen, z. B. den Werksarzt der Organisation aufsuchen, auf Hilfe durch die Personalabteilung verweisen.

Haben Sie hingegen kein gemeinsames Verständnis über die Situation des Mitarbeiters und dieser versichert Ihnen: *„Bei mir ist alles in Ordnung"*, geht es natürlich nicht um Unterstützungsangebote, sondern um das Klären des **Leistungsthemas**. In jedem Fall müssen Sie „dranbleiben", was das Thema Leistung angeht, und zugleich Unterstützung signalisieren: *„Vielleicht möchten Sie hier und heute nicht weiter darüber sprechen. Sie können aber jederzeit auf mich zukommen."*

4. **Vereinbarungen treffen und festhalten:** In dieser Phase stimmen Sie Maßnahmen ab und halten diese fest, z. B. die Arbeitszeit in den nächsten zwei Wochen zu reduzieren oder (gemeinsam) den Werksarzt aufzusuchen. Wenn der Ansatzpunkt das Arbeits- und Leistungsverhalten ist, kann die Vereinbarung sein, sich in einer Woche (in einem Monat) wieder zusammenzusetzen und zu prüfen, ob weiterhin Leistungsdefizite bestehen. Besprechen Sie mit Ihrem Mitarbeiter auch, wer von Ihnen wie (mit welchen Worten) und wann das Team informiert.
5. **Abschließen:** Machen Sie nochmals deutlich, dass Sie Ihren Mitarbeiter unterstützen möchten und Ihnen seine Gesundheit wichtig ist. Stellen Sie ebenso dar, dass Sie beide gemeinsam schauen müssen, dass Arbeits-, Leistungs- und Sozialverhalten in Zukunft wieder den Erwartungen entsprechend ausfallen. Machen Sie deutlich, dass „Ihre Türe immer offen steht", auch für den Fall, dass Ihr Mitarbeiter (doch) noch mit Ihnen über das Thema sprechen möchte.

Vorbereitung des Gesprächs

Zur Vorbereitung des Gesprächs können Ihnen folgende Fragen helfen:

- Welche **konkreten Verhaltensweisen** geben Ihnen Anlass zur Sorge und welche ggf. arbeitsrechtlichen Pflichtverletzungen sind zu beanstanden?
- Welche **Folgen** hat das Verhalten für den **Arbeitsprozess?**
- Welche **Hilfsangebote** können gemacht werden (z. B. kurzzeitige Entlastungen)?
- Welche **Experten** können mit ins Boot geholt werden (Werksarzt, Suchtberater, Personalabteilung etc.)?
- Welche (disziplinarischen) **Konsequenzen** drohen, wenn sich das Verhalten nicht ändert?
- Wer übernimmt für welchen Teil die **Verantwortung?** Beispiel: *„Ich als Führungskraft werde dafür sorgen, dass sich die Kollegen um die Aufgaben X und Y kümmern, dann haben Sie an dieser Stelle Entlastung ... Wenn es Ihnen schlechter geht, gehen **Sie zum Arzt**, in die Klinik ..."*

6.4 Exkurs: Mit psychischen Erkrankungen umgehen

> **Handlungsempfehlungen**
>
> Formulieren Sie für sich ein **realistisches Ziel** für das Gespräch. Dieses kann für das Erstgespräch z. B. lauten: *„Ich möchte meinem Mitarbeiter in vertraulicher Atmosphäre meine Wahrnehmungen der letzten Wochen spiegeln (Leistungsabfall und Rückzugsverhalten von den anderen Teammitgliedern) und seine Perspektive zu diesen beiden Punkten erfahren."*

Vorgehen im Fall von Sucht
Handelt es sich bei der (möglichen) psychischen Erkrankung um eine Suchterkrankung, greifen im Normalfall **Betriebs- oder Dienstvereinbarungen** zum Thema Sucht, die die meisten Unternehmen haben und die das weitere Vorgehen regeln.

Die wichtige Unterscheidung zu dem zuvor geschilderten Vorgehen bei anderen psychischen Erkrankungen ist hier: Das **normale „Unterstützungsprogramm"** von Menschen funktioniert beim Thema Sucht in der Regel nicht, sondern wirkt eher **krankheitsstabilisierend**. Gerade bei Sucht haben Menschen das **Gefühl, alles im Griff zu haben**. Hier müssen Führungskräfte aufzeigen, dass dies **bzgl. der Leistung nicht der Fall** ist.

Haben Sie keine Scheu, Substanzmissbrauch anzusprechen – das ist Ihre Aufgabe als Führungskraft. Menschen unter Drogen- oder Alkoholeinfluss haben auf der Arbeit nichts zu suchen. Wenn Sie eine Alkoholfahne riechen, müssen Sie auch gar nicht lange zögern, denn hier liegen Sie in der Regel richtig. Der Geruch ist nicht anders erklärbar.

Das **Einfordern der Leistung** bietet zugleich die **Chance**, zu benennen, dass Sie als Führungskraft auch auf weiteren der vier Ebenen (siehe Abb. 6.9) Verhaltensänderungen wahrgenommen haben und Ihnen das Sorge bereitet. Gerade bei Sucht kann es die richtige Strategie sein, den Druck zu erhöhen, damit Menschen sich in Behandlung begeben.

Möglicherweise sind Sie **als Führungskraft die erste Person,** die es so deutlich thematisiert und damit den Menschen dazu bringt, professionelle Hilfe in Anspruch zu nehmen. Häufig werden die Themen in Familien und Freundeskreisen nicht klar genug angesprochen. Eher noch trägt das System (Familie) die Suchtproblematik mit und versucht zu kompensieren und Streit und Ärger in der Familie zu vermeiden. Genauso kann auch ein Arbeitsumfeld stabilisierend für die Sucht wirken. Kollegen schützen den Erkrankten und tragen so dazu bei, dass das Problem noch weiter verschleppt wird. Sie tun dem betroffenen Menschen (und den Personen in seinem beruflichen und privaten Umfeld!) also nichts Gutes, wenn Sie das Thema nicht klar ansprechen!

Folgende Literatur bietet weiterführende Hinweise zum Umgang mit psychischen Erkrankungen

Armutat, S. (2011). *Mit psychisch beanspruchten Mitarbeitern umgehen – ein Leitfaden für Führungskräfte und Personalmanager*. Düsseldorf: Deutsche Gesellschaft für Personalführung e.V.

Hommelsen, M. (2011). *Psychisch krank im Job. Was tun? Praxishilfe des BKK-Bundesverbandes und der Familien-Selbsthilfe Psychiatrie*. Bad Honnef: Siebengebirgsdruck.

Riechert, I. (2015). *Psychische Störungen bei Mitarbeitern. Ein Leitfaden für Führungskräfte und Personalverantwortliche – von der Prävention bis zur Wiedereingliederung*. Berlin/Heidelberg: Springer.

Rummel, M., Rainer, L., & Fuchs, R. (2004). *Alkohol im Unternehmen*. Göttingen: Hogrefe.

Literatur

Abramson, L. Y., Seligman, M. E. P., & Teasdale, J. D. (1978). Learned helplessness in humans: Critique and reformulation. *Journal of Abnormal Psychology, 87*, 49–74.

Grant, A. M. (2013). *Give and take: A revolutionary approach to success*. London: Weidenfeld & Nicolson.

Grant, A. M. (2016). *Originals: How non-conformists change the world*. London: WH Allen.

Jacobi, F., Höfler, M., Strehle, J., Mack, S., Gerschler, A., Scholl, L., Busch, M. A., Maske, U., Hapke, U., Gaebel, W., Maier, W., Wagner, M., Zielasek, J., & Wittchen, H.-U. (2014). Psychische Störungen in der Allgemeinbevölkerung. Studie zur Gesundheit Erwachsener in Deutschland und ihr Zusatzmodul Psychische Gesundheit (DEGS1-MH). *Der Nervenarzt, 85*, 77–87.

Kelley, H. H. (1987). Causal schemata and the attribution process. In E. E. Jones, D. E. Kanouse, H. H. Kelley, R. E. Nisbett, S. Valins & B. Weiner (Hrsg.), *Attribution: Perceiving the causes of behavior* (S. 151–174). Hillsdale: Lawrence Erlbaum Associates, Inc.

König, E. & Volmer, G. (2012). *Handbuch Systemisches Coaching*. Weinheim: Beltz.

Locke, E. A., & Latham, G. P. (2002). Building a practically useful theory of goal setting and task motivation: A 35-year odyssey. *American Psychologist, 57*, 705–717.

McClelland, D. C. (1965). Toward a theory of motive acquisition. *American Psychologist, 25*, 321–333.

Narciss, S. (2011). Verhaltensanalyse und Verhaltensmodifikation auf der Basis lernpsychologischer Erkenntnisse. In H. U. Wittchen & J. Hoyer (Hrsg.), Klinische Psychologie & Psychotherapie (S. 419–433). Berlin: Springer.

Nerdinger, F. W. (2014). Motivierung. In H. Schuler & U. P. Kanning (Hrsg.), *Lehrbuch der Personalpsychologie* (S. 725–764, 3., überarb. u. erw. Aufl.). Göttingen: Hogrefe.

Riechert, I. (2015). *Psychische Störungen bei Mitarbeitern: Ein Leitfaden für Führungskräfte und Personalverantwortliche – von der Prävention bis zur Wiedereingliederung*. Berlin/Heidelberg: Springer.

Ryschka, J., Solga, M. & Mattenklott, A. (2011). *Praxishandbuch Personalentwicklung. Instrumente, Konzepte, Beispiele* (3. neubearbeitete Auflage). Wiesbaden: Gabler.

Solga, M. (2011). Förderung von Lerntransfer. In J. Ryschka, M. Solga, & A. Mattenklott (Hrsg.), *Praxishandbuch Personalentwicklung* (S. 339–363). Wiesbaden: Gabler.

Solga, M., & Ryschka, J. (2013). *Psychologische Kontrakte gestalten, Verhalten steuern, Leistung steigern. Handlungsempfehlungen für Mitarbeiterführung*. Mainz: Dr. Jurij Ryschka.

Wrzesniewski, A., & Dutton, J. E. (2001). Crafting a job: Revisioning employees as active crafters of their work. *Academy of Management Review, 26*, 179–201.

Wrzesniewski, A., Berg, J. M., Grant, A. M., Kurkoski, J. & Welle, B. (2015). *Dual mindsets at work: Achieving long-term gains in happiness*. Working paper.

Yukl, G. A. (1990). *Skills for managers and leaders: Text, cases, and exercises*. Englewood Cliffs: Prentice Hall.

Erratum zu: Führen von Jung und Alt

Erratum zu:
W. Stegh, J. Ryschka, Führen von Jung und Alt,
https://doi.org/10.1007/978-3-662-58885-7

Titelei: Auf Seite IV wurde der folgende Text korrigiert: Ergänzendes Material zu diesem Buch finden Sie auf http://extras.springer.com
　Der Satz wurde korrigiert zu: Ergänzendes Material zu diesem Buch finden Sie auf https://www.springer.com/de/book/9783662588840

Die aktualisierte Version der Titeleiseiten dieses Buches finden Sie unter
https://doi.org/10.1007/978-3-662-58885-7

© Springer-Verlag GmbH Deutschland, ein Teil von Springer Nature 2020
W. Stegh, J. Ryschka, *Führen von Jung und Alt*,
https://doi.org/10.1007/978-3-662-58885-7_7

Glossar

Hier finden Sie alle zuvor im Text mit hochgestelltem Dreieck markierten Wörter.

- **ADIGU-Modell:** ADIGU ist die Abkürzung für das Forschungsprojekt „Altersheterogenität in Arbeitsgruppen als Determinante von Innovation, Gruppenleistung und Gesundheit". Im Rahmen dieses Projekts wurde ein übergreifendes Modell entwickelt, das beschreibt, welche Faktoren Einfluss auf die Gruppeneffektivität in altersheterogenen Teams haben.
- **Affektiv:** Emotionsbedingt, gefühlsbetont, durch ein Gefühl verursacht.
- **Ähnlichkeits-Attraktivitäts-Paradigma:** Menschen suchen eher Kontakt zu Personen, die ihnen ähnlich sind – daher auch zu ähnlich alten Menschen.
- **Attribution:** Ursachenzuschreibung für ein eingetretenes Ereignis. Der Psychologe Martin Seligman klassifiziert Attributionen anhand verschiedener Dimensionen: internal – external, stabil – variabel, global – spezifisch (Abramson et al. 1978). Mit **selbstwertschädlicher Attribution** bezeichnet Seligman das Attribuieren von Misserfolgen als internal, stabil und global.
- **Emotionale Intelligenz:** Fähigkeit mit eigenen Emotionen und mit den Emotionen anderer angemessen umzugehen, insbesondere Emotionen bei sich und anderen wahrzunehmen, zu benennen und zu regulieren.
- **Fluide Intelligenz:** Steht für Genauigkeit und Schnelligkeit der Informationsverarbeitung, Koordination kognitiver Prozesse, Orientierung in neuen Situationen und Fähigkeit zur Wendigkeit und Umstellung. Hängt zudem mit dem Erlernen von Neuem (z. B. Sprachen) zusammen und umfasst die Fähigkeit, Probleme durch Denken zu lösen. Die fluide Intelligenz erfährt im Alter einen Rückgang; dieser ist aber von Mensch zu Mensch sehr unterschiedlich

ausgeprägt – sie kann bis ins hohe Alter auf einem sehr hohen Niveau bleiben. Die fluide Intelligenz wird auch als „angeborene" Intelligenz bezeichnet (vgl. in Abgrenzung kristalline Intelligenz).
- **Future Time Perspective (FTP):** „Zukunftsgerichtete Zeitperspektive", hiernach richten Menschen ihre Motive und Ideen hinsichtlich zukünftiger (ferner) Ziele aus.
- **„Healthy Worker"-Effekt:** Dieser Stichprobeneffekt erklärt, warum die Gruppe der Berufstätigen einen besseren Gesundheitsstatus aufweist als die Gesamtbevölkerung. Nur Gesunde können auch am Arbeitsleben teilnehmen, kranke Menschen fallen aus den berufsbezogenen Stichproben raus.
- **Heuristik:** Entscheidungen werden aufgrund von vereinfachten kognitiven Prozessen (Daumenregeln) getroffen anstatt anhand systematischer Analysen. Dies führt zu einer schnelleren Entscheidung, kann aber die Fehlerhaftigkeit erhöhen.
- **Kristalline Intelligenz:** Alle Fähigkeiten, die im Laufe des Lebens erlernt werden. Umfasst Allgemein- und Erfahrungswissen, emotionale Intelligenz und berufliche Expertise. Weiterhin verknüpft mit Wortschatz und Sprachkompetenz sowie der Fähigkeit, Probleme durch Erfahrung zu lösen. Die kristalline Intelligenz bleibt bis ins hohe Alter stabil. Sie wird auch als „erworbene" Intelligenz bezeichnet (vgl. in Abgrenzung fluide Intelligenz).
- **Kognitiv:** Kognitionen sind bewusste und unbewusste mentale Prozesse des Menschen, die u. a. die Aufmerksamkeits- oder Gedächtnisleistung umfassen.
- **Priming:** Mentale Voraktivierung von Konzepten durch einen vorangegangenen Hinweisreiz (Ereignis). Ein solcher Hinweisreiz (in Form von einem Wort, Bild, Geruch etc.) aktiviert (meist unbewusst) bestimmte Gedächtnisinhalte (Vorerfahrungen), die sich dann auf unser Verhalten auswirken können. Beispiel: Personen, die mit dem Konzept des „Alter(n)s" in einem Experiment konfrontiert wurden (z. B. grau, vergesslich), bewegten sich im Anschluss auf dem Weg von einem in den anderen Versuchsraum auch langsamer (Bargh et al. 1996).
- **Salienz:** Gedankliche Auffälligkeit oder Verfügbarkeit; Hervortreten von Merkmalen. Saliente Merkmale sind Merkmale, die aus ihrer Umgebung herausstechen und so schneller wahrgenommen werden (z. B. ist das Alter einer Person in der Regel schneller zu erkennen als der Status).
- **Selbstkategorisierungs-Theorie:** Weiterentwicklung der Theorie der sozialen Identität, die besagt, dass die soziale Kategorisierung eines Individuums (Teil einer bestimmten Gruppe zu sein) weitreichende Konsequenzen für Einstellungen gegenüber beliebigen Objekten hat. Man hat das Bedürfnis „Konsens" mit der Mehrheit der eigenen Gruppe herzustellen und bewertet im Sinne der eigenen Gruppe (und in Abgrenzung zu anderen Gruppen).

Glossar

- **Selbstwirksamkeit:** Ein Konzept aus der sozialen Lerntheorie von Bandura (1986). Es beinhaltet das Vertrauen in die eigenen Fähigkeiten und Möglichkeiten, eine Aufgabe möglichst gut auszuführen.
- **Stichprobeneffekt/Stichprobenfehler:** Die Stichprobe verändert sich durch bestimmte Selektionsprozesse wie z. B. Mortalität (survival bias) – nur noch die selektierte Gruppe („überlebend") wird berücksichtigt. Hier: Nicht mehr leistungsfähige (ältere) Mitarbeiter arbeiten nicht mehr und werden daher in Studien nicht berücksichtigt – dies verzerrt die Ergebnisse (vgl. „Healthy-Worker"-Effekt).
- **Shared Mental Model (gemeinsames mentales Modell):** In Teams hat jedes Mitglied ein mentales Modell der Situation: vom ablaufenden Prozess, dessen Strukturen, Ursachen, Bedingungen und Wirkungen. Mentale Modelle sind Grundlage zur Planung und Steuerung von Handlungen. Um im Team effektiv arbeiten zu können – vor allem auch in stressigen Situationen – ist es notwendig, dass die Teammitglieder über ein gemeinsames mentales Modell (Shared Mental Model) verfügen. Folgende Aspekte sollen hierbei betrachtet werden: Zielsetzung, Prozesse und Strukturen, zu erledigende Aufgaben und Zuständigkeiten sowie Schnittstellen und Zusammenspiel im Team.
- **Self-fulfilling-prophecy/sich-selbst-erfüllende Prophezeiung:** Ein Denkfehler, den Effekt eigenen Handels zu übersehen und die Ereignisse dann als Beweis für die eigene Vorhersage anzuführen. So wird zum Beispiel das Verhalten eines Menschen (unbewusst) durch die Erwartungen anderer Personen (und deren Verhalten) beeinflusst, sodass sich Ersterer auch den Erwartungen nach verhält. Ein prominentes Forschungsbeispiel stammt von Rosenthal und Jacobson (1966), das zeigt, dass die Erwartungen, die Lehrer an ihre Schüler haben (als besonders gut oder schlecht), sich auf die tatsächlichen Leistungen auswirken können.
- **Socioemotional Selectivity Theory (SST):** eine Lebensspannentheorie der Motivation. Für die Motivation einer Person ist entscheidend, wie viel Zeit sie (gefühlt) am Arbeitsplatz noch zur Verfügung hat; im Arbeitsleben geht es v. a. um die verbleibende Zeit als älterer Mitarbeiter bis zur Rente. Die Theorie erklärt, warum sich die Wichtigkeit von Zielen (z. B. Wissenserwerb und das Regulieren emotionaler Zustände) jüngerer und älterer Menschen unterscheidet.
- **Stereotype Embodiment Theory (SET):** Die Theorie beschreibt, wie sich stereotype Vorstellungen vom Alter und älteren Menschen auf das eigene Altern auswirken. Es wird z. B. davon ausgegangen, dass die Erwartung an eine schlechtere Gesundheit im Alter tatsächlich zu einem schlechteren Gesundheitszustand führen kann. Grundsätzlich wird angenommen, dass globale Altersbilder internalisiert sind und somit mit dem Alter auf die eigene Person

angewendet werden (Altersselbstbilder). Levy (2009) postuliert drei mögliche Pfade, auf denen Altersselbstbilder Folgen für das eigene Altern haben: 1.) physiologischer Pfad (Einfluss von Altersbildern auf das autonome Nervensystem), 2.) psychologischer Pfad (z. B. Altersbilder wirken wie sich-selbst-erfüllende Prophezeiungen (s. o.)) und 3.) verhaltensbezogener Pfad (Altersbilder führen zu korrespondierendem Verhalten).

- **Theorie der sozialen Identität:** Grundbestandteil der Theorie sind Kategorisierungsprozesse, die Menschen helfen, ihre Umwelt überschaubarer zu machen. Unter bestimmten Umständen fühlt man sich einer Gruppe zugehörig und teilt auch andere Menschen in Gruppen. Die soziale Identität als solche beschreibt das Selbstkonzept einer Person als Teil dieser Gruppe.
- **Transformationale Führung:** Transformationale Führung zeichnet sich im Wesentlichen durch vier Aspekte aus: eine attraktive Zukunftsvision kommunizieren, kritisches und innovatives Denken anregen, als Vorbild agieren und Mitarbeiter individuell unterstützen und entwickeln.
- **WAI:** Work Ability Index – Fragebogen zur Erfassung der subjektiven Arbeitsfähigkeit einer Person.

Literatur zum Glossar

Abramson, L. Y., Seligman, M. E. P., & Teasdale, J. D. (1978). Learned helplessness in humans: Critique and reformulation. *Journal of Abnormal Psychology, 87,* 49–74.

Bandura, A. (1986). *Social foundations of thought and action: A social cognitive theory.* Englewood Cliffs, N.J.: Prentice Hall.

Bargh, J. A., Chen, M., & Burrows, L. (1996). Automaticity of social behavior: Direct effects of trait construct and stereotype activation on action. *Journal of Personality and Social Psychology, 71,* 230–244.

Levy, B. R. (2009). Stereotype embodiment: A psychosocial approach to aging. *Current Directions in Psychological Science, 18,* 332–336.

Rosenthal, R., & Jacobson, L. (1966). Teachers' expectancies: Determinants of pupils' IQ gains. *Psychological Reports, 19,* 115–118.

Rossett, A., & Schafer, L. (2007). *Job aids & performance support: Moving from knowledge in the classroom to knowledge everywhere.* San Francisco: Pfeiffer.

| MIX |
| Papier aus verantwortungsvollen Quellen |
| Paper from responsible sources |
| FSC® C105338 |

If you have any concerns about our products,
you can contact us on
ProductSafety@springernature.com

In case Publisher is established outside the EU,
the EU authorized representative is:
**Springer Nature Customer Service Center GmbH
Europaplatz 3, 69115 Heidelberg, Germany**

Printed by Libri Plureos GmbH
in Hamburg, Germany